大展好書

大展好書　好書大展
品嘗好書　冠群可期

命理與預言 67

2小時學會《易經》

姜 威 國／編著

大展出版社有限公司

序

《易經》——目前不但是國內上至達官顯要，下至平民百姓均想一探究竟，且奉為圭臬的無上寶笈，而且於國際間，對它更是興趣盎然，且視為奇書，甚至於在傾力研究太空科技的科學家們，更是將《易經》視為破解突破未來高科技的關鍵契機。

這種種的跡象顯示，《易經》——它不僅僅是一本東方的國寶書而已，而且甚至還是二十世紀以後能改變人類歷史的重要典籍。

既然如前述，它具有著那麼偉大且舉足輕重的地位，則其中必然藏著有極為高深且艱奧的學問，那又何以能在短短的「2小時」內即可學會？這難道又是筆者在譁眾取寵，胡耍噱頭的招式嗎？

非也！非也！只要您肯用心地將本書詳細地閱讀，再稍微花費一些心思來領悟理解，那「2小時」可能還嫌太多了一點。

套句俗諺，「不怕你不相信，就怕你不學。」畢竟放眼國內，願意將《易經》精髓解碼破譯的人，可能是前無古人，且後無來者了。「好東西要與好朋友分享」，各位能得多少，能領悟幾分，隨緣吧！

千禧年歲次庚辰清明後筆者姜威國

敬識於鳳山姜老師命理鳳山工作室

目錄

第二章《易經》組織架構概述（11～20分鐘）……二九

第三章（21～30分鐘）

第四章（31～60分鐘）

第五章（61～90分鐘）六十四卦卦名概談……一二一

第六章（91～120分鐘）

第一章（0～10分鐘）
簡易概略介紹《易經》

《易經》——就是最簡單的經典，否則，乾脆就改名為《難經》好了。

一、《易經》是何人所作？

根據考證，《易經》成書於何時？不詳；《易經》作者爲誰？不詳。因此，若僅是一味地要追求這個答案，這就如同在追究到底是先有雞蛋？還是先有雞一般的無聊。畢竟，我們研究《易經》的主要用意並非在此。

《易經》是一本集體的創作，且爲孔子集其大成，這是時下專家學者所公認的，因此，《易經》並沒有確實且確定的作者，由此即可淸晰明白。

既然是集體之作，那整本書所包含的思想意識型態可就是非常地廣義且廣泛了。因此，於後世的註解版本中，也呈現出多樣、多元且多角度的詮釋徵象，如《周易本義》、《易程傳》、《船山易內傳》等。

當然，這種屬於集體創作的典籍，再加上集大成者又非爲泛泛之輩，因此於內容上必然是廣博精深且精華聚集，所以，它能成爲東方之國寶書，以及國際所矚目的焦點典籍，實在是有其所具備的內涵與精萃。

二、《易經》是好學？還是難學？

誠如筆者於前所言：《易經》——就是最簡單的經典，否則，乾脆就改稱為《難經》了。

因此，「《易經》⇓好學」是一個無庸置疑的答案。

可是，為何有那麼多人一見到，甚至一聽到《易經》，很直覺的想法反應就是——「高深莫測」、「深奧無比」，這個現象就宛如有很多人一聽到，或是有人提到「榴槤」，一種直接的想法反應——好臭唷！就即時地表現出來，然而，「榴槤」是真的如眾人所言——好臭？還是有言過其實？我想這大概只有真正吃過的人才有資格評論，否則，永遠也只不過是「傳說」而已。

到底《易經》是好學？還是難學？我想這其中的道理也大致如前所舉「榴槤」之例相同，所差異的大抵在於其類別的不同吧！

對於《易經》，你是學過？看過？還是曾有用心去研習過？或是有拜師學習過？或者根本是人云亦云，未曾謀面？這其中有什麼差別呢？再者，你是學經文呢？還是學理念？

如果你僅是學過、看過，但沒有拜師研習過，要想瞭解《易經》，的確是有些困難之處，但若是有拜師學習過，再言《易經》難學，那錯不在你，而是你的老師要檢討；至於僅是屬於人云亦云者，那只有請你勿妄開尊口囉！

到底學《易經》，是在學什麼呢？這個問題相信到現在，還是有很多人搞不清楚；有人認爲能將經文翻譯成白話文，即算是學會了《易經》；也有人認爲只要將八卦意象記憶背誦，大概也能將《易經》了悟。其實，這些都僅是《易經》的皮毛而已，《易經》真正的精髓不過在於一「理念」耳。

至於什麼是「理念」呢？《繫辭》上傳・第十章云：「子曰：『夫易，何爲者也。夫易，開物成務，冒天下之道，如斯而已者也。』」再說的簡單一點，即「一陰一陽」之道也。

不錯，整本《易經》所言的，就僅此「陰陽之道」，換句話說，只要你知道「陰陽之道」，你就已懂得《易經》，所以你說《易經》是難學？還是好學？

之所以會有很多人說：「《易經》難學」，這其中大部分的原因大概是出在於其經文均是以「文言文」所書寫而成的，這對於時下已慣用「白話文」的大眾，的確是一件較為困難且麻煩的事，但還好，坊間書店中有關白話式易經的範本不少，各位不妨逕自購閱參考，如此一來，相信在研習的路途上定能輕鬆且獲益不少。

三、《易經》內容概述

《易經》是一本東方的國寶書，而且也是一本國際上所認同，最具有價值且神秘的典籍。

但到底是什麼原因？或是它擁有什麼內容？才使其能擁有如今這樣傲人的身份與地位，有關於這一點，相信也是大家所想探討與研究的。

《易經》這本書，大概除了它是以「文言文」所書寫的，這一點較具有困難度之外，其餘的，均是以我們的自然界或是以我們的日常生活作為敘述與推論的方向，如上經中，即是舉自然界中的自然現象——火、風、水、山、雷、澤、天、地等，相互間作用所形成的效應來作敘述與演繹的依據。

例：水地比卦

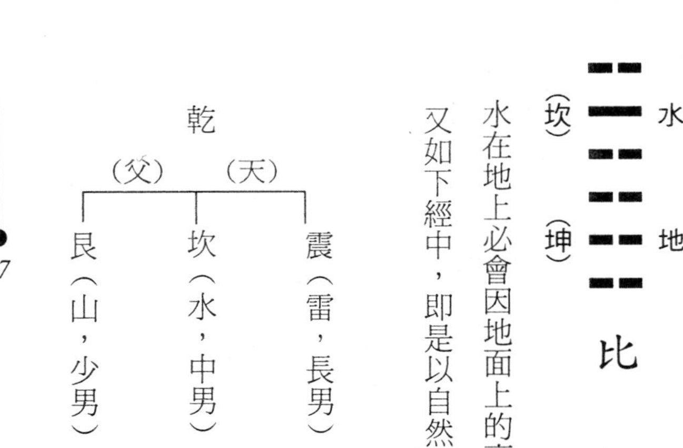

水在地上必會因地面上的高低不平，而形成東一堆，西一堆聚集（比）的現象。

又如下經中，即是以自然現象寓意於人道，而作爲闡述人生的道理。

例：澤山咸卦

兌　艮

咸

（澤，少女）（山，少男）

情竇初開的少男少女，彼此初次相識相遇，必然在心理上會產生異樣的感覺（咸）。

※　※　※

再者，《易經》中還有一項最重要的理念，那就是——陰陽相對的理論。舉凡大自然中的一切事物，均有其陰陽之一體兩面現象，如有男則有女，有大必有小，有長定有短，有上必有下等，這些相對的理念於《易經》中，可說是整本書的靈魂關鍵所在，但由於它所用文字的表達功夫太過於高超，且幾近於出神入化，因而導致許多研習者根本就「忘了它的存在」，甚至一本《易經》從頭到尾看了一遍還搞不清它所謂的「陰陽」到底是放在那裡？

所以，原本是早由中國人所發明的「陰陽相對理論」，居然被一個叫做愛因斯坦的外國人所剽據，且寫了一本叫做「相對論」的著作，也因此得到了聞名國際的「諾貝爾獎」，你說，這是不是一件很嘔人吐血的事。

爲了證明《易經》中對於描述「陰陽」觀念所應用的巧妙字詞，筆者將整理出一些資料供各位參考閱覽。

澤雷隨卦六二：「係小子失丈夫。」

風地觀卦初六：「童觀。小人無咎，君子吝。」

山水蒙卦九二象曰：「子克家，剛柔接也。」

地水師卦初六：「師出以律否臧凶。」

地水師卦六五象曰：「長子帥師，以中行也；弟子輿戶，使不當也。」

風天小畜卦：「小畜、亨。密雲不雨，自我西郊。」

乾卦：「亢之爲言也。知進而不知退。」

乾卦：「知存而不知亡，知得而不知喪。」

另外，太極圖中所顯現的「陰陽」信息更爲清楚，如圖示：

一、太極負陰而抱陽。

二、陽中有陰、陰中有陽。

三、「兩不立則一不見，一不見則兩之用息。」

四、執兩而用中。

五、《繫辭傳》云：「一陰一陽之謂道。」

「陰陽」的概念就是整本《易經》的精髓，至於因爲「陰陽」的關係而產生的種種變化，則盡付諸於上、下經中所敘述的經文解析。

因此，若要將《易經》透析破譯，首先必須得將「陰陽」的概念搞懂搞通，否則《易經》不過是一堆文字遊戲的表演呈現。

四、何謂「易」？

何謂「易」？乍看到此一標題，可能有人會認為筆者頭腦是否「阿達」了，連這麼簡單的問題也值得提出發問嗎？是否已沒有東西可寫，才來濫竽充數一番。如果你是這麼想的讀者，在此先恭喜你，因為會提出問題的人，才是已開始漸漸地進入狀況了。

的確，「易」者，簡單也，簡易也。這是任誰都知道的答案，就好像有人問你：「一加一等於多少？」你絕對會毫不思索地回答是「二」，為什麼？因為它太簡單了。而《易經》的「易」，也同樣具有此種意思，因此它是最簡單的經典。

但是，你可知道，目前最先進的電腦科技，它的源流起始點，就是根據「一加一」的二進位法所推演發展出來的，這個事實相信是眾所周知且認同的，如此一來，好像又與前述有所衝突矛盾，因為「一加一」是何等的容易簡單，但電腦的應用可是高科技的產物，這其中根本是十萬八千里的差距，又如何能將其聯想成串呢？

其實，這個問題的關鍵就在於「易」字。「易」字，除了用作爲簡單、簡易來解釋外，它還有——變化、變換的意思，如「易」言之，「易」位等。

這麼一來，「易」也就具備了不「易」的意象了，而且它所能包涵推演的範圍可就無法衡量。當然，我們對於它也就非得刮目相看了。

因此，對於《易經》，我們說它容易簡單是因爲「易」，若是說它艱奧難懂，自然也是因爲這個「易」字，那到底是要以那個「易」作爲研習的基準呢？答案很簡單，各位僅需將前面所敘述談論的內容，多花費一些時間、心思去理會領悟，相信定然可從其中得到一個很完美且圓滿的答案。

五、《易經》是自然氣數的流程圖

《易經》除了在講「陰陽」的理念外，它還包含了宇宙自然氣數流程的表現，為何？

對於這個問題，我大致將其分為兩個部份來做個概述，其一是太極圖，其二為先後天八卦，至於詳細的釋義，容筆者於後章節再予以詳細解說。

(1)表現自然氣數流程的「太極圖」

太極圖（見二十頁圖示）是一個圖形的圖案，它本身就代表著一種生生不息、循環不已的意象。如果我們將原圖旋轉一下，則可得到二十四頁之太極圖形。

為什麼要將太極圖旋轉成此種形狀呢？一則是便於解釋本節主題；再則太極圖它本身即是具有旋轉不止的事實。

好了，有了這個圖形後，現在各位不妨一面用眼睛看著這個圖形（黑的部分表

示夜晚，白的部分代表白天），一面腦袋裡去想著晝夜循環的現象。

如此一來，太極圖所表現的自然氣數流程是不是就再清楚分明不過的了。

雖然這是一種最簡單的解釋方法，但它卻也是最容易令人瞭解的形式。這就好像在跟一個人形容大象是長的什麼樣子，雖然你是很賣力，且很仔細地將大象描繪形容，但若是能親自帶他去目睹，相信效果會勝過你的解釋描述千萬倍。

㈡先後天八卦

《易經》中，另一個重要的理念課題—就是「八卦」。什麼是「八卦」？簡單地說，就是八種代表自然界現象的符號，根據典籍記載，它是經由伏羲氏所創造發明的，主要的原因，則是因爲在上古時代沒有「文字」這項產物，因此只好以結繩記事的方法爲之。

《繫辭》下傳曰：「古者包犧氏之王天下也，仰則觀象於天，俯則觀法於地，觀鳥獸之文、與地之宜，近取諸身、遠取諸物，於是始作八卦，以通神明之德，以類萬物之情。」

其實，不管伏羲氏是否有仰天或俯地之舉，但他所創造出的八卦符號也確實具有這層意義。

如：巽為風卦

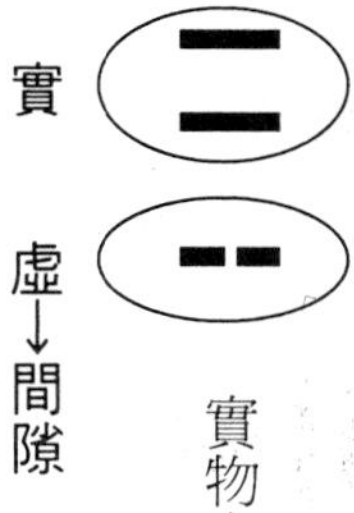

實

虛→間隙

實物之間隙，定然會有空氣出入流動，因而會有風的現象。

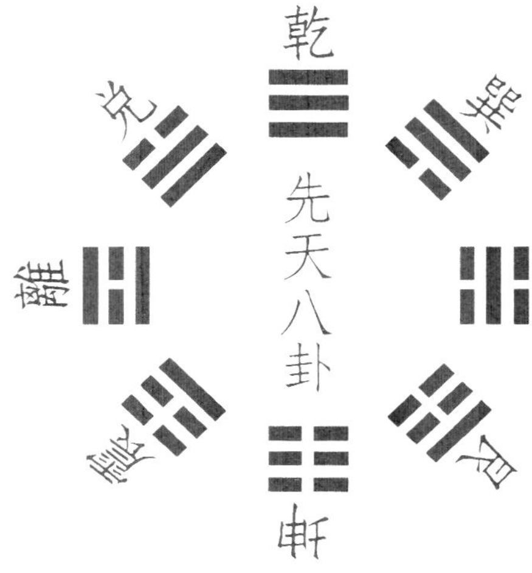

先天八卦

乾　巽　坎　艮　坤　震　離　兌

於八卦的理論中，又有先天八卦與後天八卦之別，先天八卦爲「體」，後天八卦爲「用」，因此，我們即以後天八卦爲實例作註解，來瞭解它爲何會有自然氣數流程的表現。

《說卦傳》曰：「帝出乎震，齊乎巽，相見乎離，致役乎坤，說言乎兌，戰乎乾，勞乎坎，成言乎艮。」

《說卦傳》中的這一段話，就已經將後天八卦所代表著自然氣數流程現象說明殆盡。帝者，言氣也。氣從震卦方即東方開始，順循著巽卦東南方、離卦南方，坤卦西南方，兌卦西方，乾卦西北方，坎卦北方，到艮卦東北方止，正好是氣數一周期的流程路線

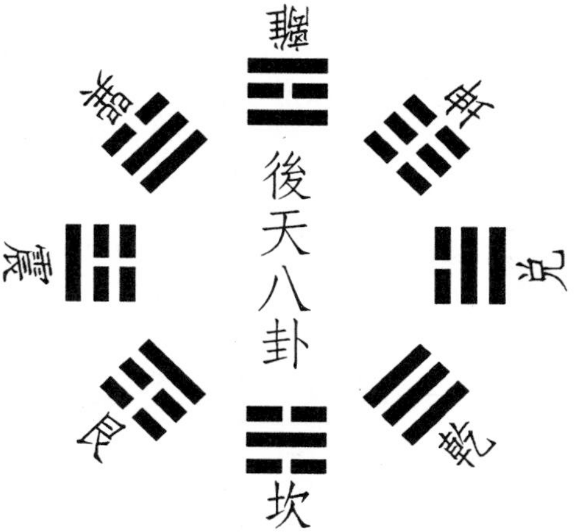

離　坤　兌　乾　坎　艮　震　巽

後天八卦

。這其中除了有方位外，更有春（震卦）、夏（離卦）、秋（兌卦）、冬（坎卦）的訊息存在。

因此，後天八卦具有自然氣數流程的表徵，由以上圖文註解，相信大家一定可以清楚明瞭。

至於爲何不談論是先天八卦，因爲它是「體」，體者，本體也，它並不具備什麼實質的意義，不過只是本體也，就如同化學作用的 $H_2+O \rightarrow H_2O$，H與O是「體」，而 H_2O 是「用」。

六、結語

簡單扼要地將《易經》做個概略地介紹，主要的用意即在於讓各位知道，《易經》並非如眾人所言──「太難了」，相反地，如果你能抓住它的重點來訴求研讀，相信要瞭解它必然不是一件難事。

《易經》是一本集古聖先賢智慧與經驗於一堂之典籍，身爲中國人的一份子，若是沒有好好地去研究發揚它，也實在是辜負了古聖賢們的一番苦心與期望。

筆者不才，但也不忍心視此珍品荒佚，因此，才甘冒自不量力的罪名來撰寫本書，希望能藉我這點螢火之光，來重新喚起社會大眾對此「國寶」的重視，進而能躋身於世界國際舞台，以發揚我《易經》之光芒。

第二章（11～20分鐘）《易經》組織架構概述

每次於課堂上講到：「《易經》爲五術各科目之源」時，總是會有學員問到相關類似的問題，如「《易經》是什麼？」「《易經》是在講什麼？」或是「《易經》的內容有那些？」等等。

雖然，不可諱言地，這些問題不但是「很大的」問題，而且還不是可以用三言兩語所能解釋清楚的。

但所謂「師道」即在傳道、授業、解惑也，因此，筆者也不能違背此良心職責，故特將一些昔日從師隨筆的資料，以及日後自研所領悟的些微心得，將其彙集併作綜合整理公開示人，希望能對有心研習者提供一份參考的資料。

然而，《易經》的內容實在是太過於廣泛無垠，甚至有些理念在釋義上，又充滿著非常抽象之意境，因此，想要達到「麻雀雖小，但五臟俱全。」的完美境界，筆者實在也不敢拍胸脯保證一定ＯＫ，但亦盡力而爲。所以文中或有缺失與不足之處，還盼請各位先進賢達同儕，不吝指教爲是。

緊接著，就請各位慢慢地和我一同進入這屬於《易經》的領域殿堂吧！

一、易經「三易」

《周禮》春官太卜掌三易：一曰連山，二曰歸藏，三曰周易。這是《易經》演變的過程，由於時空的變遷，以及人類社會背景型態與智慧的進展，因此，才會產生這三種不同的見解與釋義角度。

這就好比我們會在不同的年齡層中，對人事物有著不同的看法、見解與處理方式，如在孩提時代會羡慕大人的世界，而憧憬期待自己快快地長大，以便可完成做個大人的願望；但是長大成人後，在歷經了種種考驗、壓力與磨練後，又好想回歸孩提時代天真無邪、無憂無慮的日子。

所以，《易經》會有如此的三階段轉變，其實，也僅不過是一種自然天地的規律，以及人類思想文明的演進而已；反過來說，如果《易經》沒有經過這些淬煉的過程，可能也早已爲時空所淘汰了，這個道理對人類而言，也具有同樣的效應，達爾文的《進化論》曰：「物競天擇，適者生存，不適者淘汰。」不就是最佳之釋義嗎？

⑴連山易

這是上古神農時代的《易經》，孔穎達曰：「連山起於神農。」而郭璞曰：「夏易曰連山。」雖然在時間上或有些出入，但畢竟都是後起之說，並無實際且正確的考證。

之所以會以「連山」爲名，皇甫謐曰：「連山易，其卦以純艮爲首，艮爲山，山上山下，是名連山。象雲氣閉出於山，夏以十三月爲正，人統，艮漸正月，故以艮爲首。」

其實，各位不妨發揮一下你的想像力，遠在上古時代的人類，其活動的範圍很有限，而智慧文明亦未開發，再加上原始地形以山居多，所以每天出出入入地也只有看見連綿不斷的大小山巒，因此以「連山」爲名，實具有描繪當時人類生活與環境單純的景象。

(2)歸藏易

朱元昇曰：「歸藏易，黃帝演伏羲連山易而作。」杜子春曰：「歸藏黃帝。」《山海經》證述：「黃帝得河圖，商人因之曰歸藏。」據上述各種說法，我們大略可得知歸藏是創於黃帝，而述於殷代是也。

之所以會以「歸藏」爲名，賈公彥曰：「歸藏易以純坤爲首，坤爲地，萬物莫不歸藏其中。殷以十二月爲正，地統，故以坤爲首。」

由於時空的轉變直接也帶動了人類智識文明的演進，人們發現不論是大小的山巒，均是根植且藏於地，所以就不再認爲「山」是最大的，而改以「地」代替之，且發現不論任何事物到最後也一定又回歸於大地，因此才以「歸藏」爲名謂之。

(3)周易

《周易》是繼《歸藏易》所演進而來，至於它的名稱則有二種說法如下：

㈠孔穎達云：「易者，變化之總名，改換之殊稱，自天地開闢，陰陽運行，寒暑迭來，日月更出，孚萌庶類，亭毒群品，新新不停，生生相續，莫非資變化之力，換代之功，然變化運行，在陰陽二氣。故聖人初畫八卦，設剛柔二畫象二氣也。布以三位，象三才也。以文王所演故謂之周易；其猶周書周禮題周以別餘代。」

㈡鄭玄則認爲周易者，是在言易道之周普，且無所不備，具有「周匝」、「周而復始」、「周流六虛」之意，另賈公彥疏云：「連山易，其卦以純艮爲首，艮爲山，山上山下，是名連山；雲氣出內於山，故名易爲連山。歸藏易以純坤爲首，坤爲地，故萬物莫不歸而藏於其中，故名易爲歸。……連山歸藏，不言地號，以義名易，則周非地號可知。周易以純乾爲首，乾爲天，又能周匝於四時，故名易爲周易也。」

※　※　※

以上即是《易經》「三易」之概略介紹，古人創易用易其旨即在教化人民倫理綱常，以及文化禮教等制度之確立與典範，如連山易，是爲夏代禮樂刑政之準則，號稱「人統」；歸藏易，是爲殷代禮樂刑政之準則，號稱「地統」；周易，是爲周代禮樂刑政之準則，號稱「天統」，即是最佳之明證，故《六藝論》云：「易者，陰陽之象，天地之所變化（自然科學），政教之所生（人文科學）。」

又《說卦傳》云：「有天地然後有萬物，有萬物然後有男女，有男女然後有夫婦，有夫婦然後有父子，有父子然後有君臣，有君臣然後有上下，有上下然後禮義有所錯。」

再者，所謂的「諸子百家」，其源流大抵不出儒、道、墨三家，而這三家的學術思想也與「三易」有著淵源親密的關係，如道家宗老子，源於黃帝，故有黃老之俗稱，而道學便是以歸藏易爲依據；墨家出於禹，源於神農，而墨學便出自於連山易；儒家以孔子集大成，儒學則肇始於周易。

因此《易經》「三易」除了代表時空演變的過程外，更是人類文明進化的最佳明證，故古人曰：「自有周易之後，才有等秩倫序可觀，不啻爲政教之書。」

二、易經三「易」

《易經》本身除了有前述之「三易」外，更有著三「易」之義，亦即簡易，不易與變易是也。

《乾鑿度》云：「易一名而含三義，……易者其德也，光明四通，簡易立節，通精無門，藏神無穴，不煩不擾，淡泊不失，此其易也。變易者其氣也，天地不變，不能通氣，五行迭終，四時更廢，能消者息，必專者敗，此其變易也。不易者，其位也，天在上，地在下，君南面，臣北面，父坐子伏，此其不易也。」

《易經》這本書之所以能愈陳愈香，且愈久愈彌足珍貴，其因即在於「易」字。對於「易」字，古來有二種說法：

(1)易即蜥蜴，如圖示：

蜥蜴，爬蟲類，牠具有因應四周環境而隨意轉變其軀體的顏色，而來作爲一種保護其自身安全的功能，這種現象正能符合《易經》「窮則變，變則通，通則久」的理念精義。

(2)易即日月，如圖示：

漢許慎《說文解字》曰：「日月爲易，象陰陽也。」日月運行天際不息，轉爲後天水火生萬物。日月合而爲「明」，是爲天地間萬物源生的一種能量，所以以日月來釋義「易」，實是最佳之註解譬喻。

(3)易為上日下勿。

《說文解字》曰：「易一曰從勿。」「日」爲萬物所資生的根本，「勿」即物也。故《繫辭傳》云：「生生之謂易」，即是此上日下勿之最佳描繪。

由上所述，我們瞭解了對「易經」一辭命名的取義後，當然更可以從其中綜合歸納其所具備的寫照意義，那就是——

⑴簡易：即在說明《易經》的內容架構，是從最簡單且基本的道理與原則推演引申的。

⑵不易：即在說明《易經》所開示人生道理的依據，即在於一種永恆不變的真理。

⑶變易：即是在闡釋描繪天地自然間萬事萬物所展現的徵象，是隨時隨地且瞬時萬變的。

綜觀天地間之萬事萬物無一不具備此三種原理，如水之三相即水蒸氣爲氣相，水爲液相，冰爲固相。故《道德經》曰：「一生二，二生三，三生萬物。」另孔子亦有「形而上謂之道，形而下謂之器。」之言論，這些都實在是對《易經》三一易一作了最實際且深入的註解釋義。

三、《易經》內容的組織架構

由於《連山易》與《歸藏易》的時代太過於久遠，且其中散佚不全，因此，時下討論《易經》內容的組織架構，大都是採《周易》而言之。

現今所承傳《易經》（周易）的組織架構系統，是根據魏晉時代王弼（輔嗣）所排列整理而定型的，但對於版本中河圖、洛書、先、後天八卦、六十四卦的圖象排列等，均是到了守朝才將其補列於經前。因此整部《易經》的完成，應該要推屬自宋朝時代，也就是時下所承傳的《周易》版本。

(1)《易經》組織架構

㈠乾、坤二卦：

①卦名：如乾卦、坤卦。

②卦象：如☰☷

③卦辭：如乾，元亨利貞。坤，元亨利牝馬之貞。……

④爻辭：如乾卦從初九到上九，用九；坤卦從初六到上六、用六。

⑤彖辭：如乾卦：大哉乾元，……坤卦：至哉坤元……

⑥大象辭：如乾，天行健，君子以自強不息。坤，地勢坤，君子以厚德載物。

⑦文言：僅乾、坤二卦所獨有，其餘六十二卦皆無。其作用即在針對乾坤二卦之爻辭再作進一步的解釋與闡微。

⑧小象辭：整個六十四卦中，唯獨乾卦沒有。即每一個爻辭下另配有小象辭再加以釋義的。

㈡除乾、坤二卦外，其餘的六十二卦：

①卦名：如屯、蒙、需、訟……小過，既濟、未濟。

②卦象：如䷂ ䷃ ䷄等。

③卦辭：如屯卦之元亨利貞，勿用有攸往，利建侯。

④彖辭：如屯卦之屯，剛柔始交而難生，……

⑤大象辭：如屯卦象曰：雲雷，屯，君子以經綸。
⑥爻辭：如屯卦初九：盤桓利居貞，利建侯。
⑦小象辭：如屯卦初九象曰：雖盤桓，志行正也，以貴下賤，大得民也。

㈢四傳：是接續於六十四卦經文後之文字內容。計有：

- 繫辭傳：共分上、下傳。
- 說卦傳
- 序卦傳
- 離卦傳

至於詳細說明，於後再作註解。

(2)「四傳」是什麼？

前面已提到「四傳」是接續在六十四卦經文後的文章，包括了有《繫辭傳》、《說卦傳》、《序卦傳》與《離卦傳》，之所以要有這些增加的內容，主要就是用作於補述解釋前面六十四卦經文之推演與應用。

當然，一定有很多人只知道有此「四傳」，但卻對其真正的用途與意義不甚瞭解，所以筆者特將其所扮演的角色任務，概略但扼要的敘述如後。

①繫辭傳：

亦稱易大傳，共分爲上、下二傳各十二章。主要的內容是在廣泛地釋義易之真諦。如釋名、釋義、釋道、釋神等，《繫辭》上傳是針對上經三十卦作爲討論之對象；《繫辭》下傳是以下經三十四卦來釋微推論。孔子贊易即是以贊《繫辭傳》是也。

②說卦傳：

即是用作爲說明卦之窮萬物之理，與推萬物之性，而作爲開示後人推演、引申之運用。

③序卦傳：

此傳爲孔子按文王所排定之六十四卦次序將其整理作傳，主要是恐怕後世人將六十四卦之次序雜亂排列，而無法瞭然《易經》精神真諦的連貫性、一體性。

④雜卦傳：

是綜合整理夏商以來釋易的典籍資料，再配以最爲精要的註解，但由於其內容並沒有依六十四卦的次序作解釋，故稱爲「雜卦」，而孔子贊易，亦不加增益，存其原貌，因此《雜卦傳》可說是《易經》的大雜燴之綜合精簡整理。

(3)「十翼」又是什麼？

翼者，輔翼，輔助也，而「十翼」即是指十種論著或文章，主要的即是用來輔助闡微《易經》之理，以期能發揚光大易理博大精深之實用處。

至於「十翼」的內容有那些？它包括了：

①上經的彖辭

②下經的彖辭
③上經的象辭
④下經的象辭
⑤繫辭上傳
⑥繫辭下傳
⑦文言（僅乾、坤二卦所獨有，其餘六十二卦無。）
⑧說卦傳
⑨序卦傳
⑩雜卦傳

四、結語

簡單扼要地將《易經》的組織體制內容介紹到此，相信各位對《易經》應該有了基本的認識與瞭解，當然，由於這不是一本研究《易經》的專書，所以無法鉅細靡遺地將《易經》作詳細的介紹與釋義，此點還盼讀者諸君能見諒爲是。

待日後有緣，或許會著專書來與各位共同切磋研討，但是否能如願，那還得視大家的支持愛護與否來決定，謝謝各位。

第三章（21～30分鐘）
卦爻之釋義

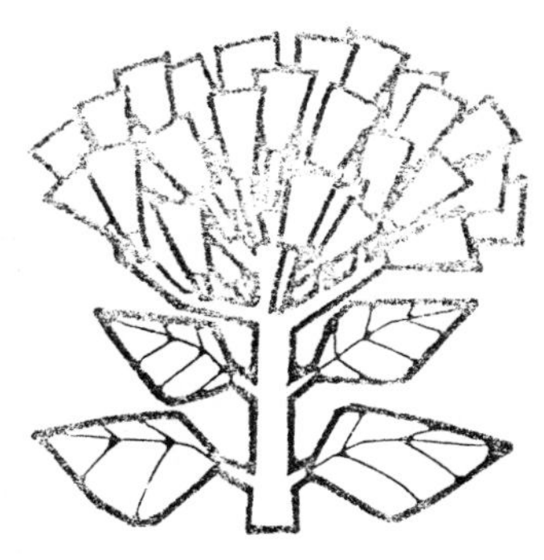

伏羲氏於成就先天八卦時，所用之陰（⚋）與陽（⚊）的符號，這在於後的六十四卦中成了不可或缺的要素，這個成就卦的結構組織元素，我們稱其爲「爻」。

一、什麼是「爻」？

大家都知道，《易經》這本書所談的就是六十四卦的變化演繹，但是各位可曾想到，當你在完成一個卦的表達符號時，你就已經與「爻」有了接觸，例如乾䷀卦，坤䷁卦，這其中的陽陰符號就是「爻」。

既然，「爻」是一種陰陽符號的表達，因此，它也就有了陰陽之分，陽的稱爲「陽爻」，陰的稱爲「陰爻」。

好了，知道了什麼是「爻」，也知道了它亦具有陰陽的分別，但是，它到底具有什麼內涵意義，或是具有何種的功能？

首先來看看古籍中的相關記載：

「卦者，掛也。懸掛物象以示於人，掛一以類萬，故謂之卦。」

「爻者，交也。言剛柔之相交也。爻者，效也，效天下之動者也。」「爻也者，效此者也。象也者，像此者也，爻象動乎內，吉凶見乎外，功業見乎變，聖人之情見乎辭。」

「易之爲書也，廣大悉備，有天道焉，有地道焉，有人道焉……通有變動，故曰爻。爻有等，故曰物，物有雜，故曰文。」

「昔者聖人之作易也，將以順性命之理，是以立天之道，曰陰與陽。立地之道，曰柔與剛。立人之道，曰仁與義。兼三才而兩之，故易六畫而成卦，分陰分陽，迭用柔剛，故易六位而成章。」

綜合以上古籍所言，爻即變也，但究竟是屬於那一種之變？可能由於古人知識領域還不夠廣泛充實，因此，並無法說的很清楚明白。

其實若要將「爻」的內涵意義說的很清楚明白，實在也不是一件易事，因爲它滿抽象的，但若將它以「放射線」一詞來描繪形容，相信各位必定能瞭然體悟。

既然「爻」可以「放射線」來解釋，因此，它亦具有類似放射線的性質是可推演的，如它所進行的方向是曲折的Z字形而非直線，它具有上升或下降的趨勢等。

所以，古人將「爻」之內涵意義以「交」，以「效」來釋義，實在有令人不得不佩服古人的睿智，畢竟在兩、三千年前，古人即發現了「放射線」的原理，只不過所表達的方式不同罷了。

放射線中具有的陰陽電子，即是前面所謂陽爻（陽電子）爲放射能，陰爻（陰電子）爲凝聚力。也因爲有此功能，故卦爻之動亦非爲相對的直射效應，而是呈現出上升與下降的走向趨勢，如初之四、二之五、三之六爲爻之上升；四之一，五之二、六之三乃爻之下降表現。如圖示：

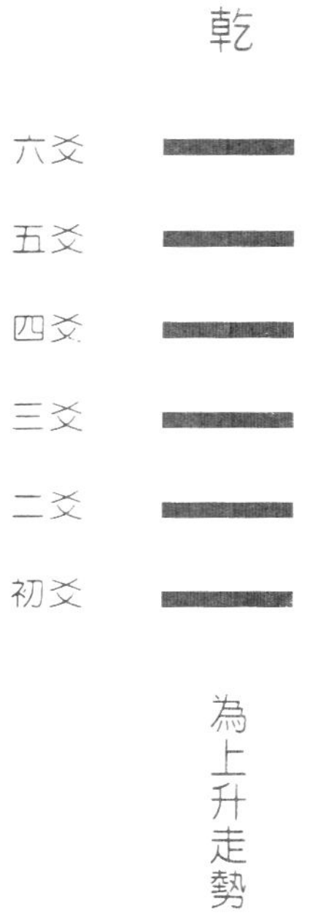

乾

六爻
五爻
四爻
三爻
二爻
初爻

為上升走勢

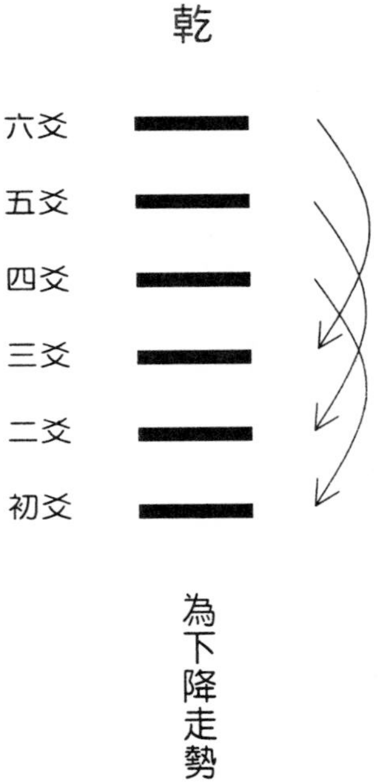

乾

六爻
五爻
四爻
三爻
二爻
初爻

為下降走勢

二、爻之內涵意象

在前面我們已說過了什麼是「爻」？以及它究竟是一個什麼樣的東西，相信各位對它應已有了初步的認識。

接著，我們再來談談它到底具有那些的實質意義？

(1) 氣數的演進

八八六十四卦的形成是經由兩兩純卦（三爻卦）排列而成，因此我們稱其「複合卦」或是「六爻卦」。這在前章節已介紹過，故在此不多作贅述。

「昔者聖人之作易也，將以順性命之理，是以立天之道，曰陰與陽。立地之道，曰柔與剛。立人之道，曰仁與義。兼三才而兩之，故易六畫而成卦，分陰分陽，迭用柔剛，故易六位而成章。」

「三才」者，天、地、人是也，「兩」者，陰、陽也。氣由地而發，漸次而上，故畫卦亦須由下而上。如圖示。

爻	三才	爻象	陰陽
上九	天道	▬▬▬	陽
六五		▬ ▬	陰
九四	人道	▬▬▬	仁
六三		▬ ▬	義
九二	地道	▬▬▬	柔
初六		▬ ▬	剛

註：
(1)陽爻代號用九，九爲陽之極。
(2)陰爻代號用六，六爲陽之極。

⑵意象之義

每一卦中之六爻，除了前面所介紹的是代表氣數的演進外，它同時亦具有人文的、自然的與成象的意象存在。當然，除此之外，它還可依據所要演繹的實務而作各種不同的角度的應用與釋義。之所以會有如此多的角度變化應用，其實僅在一「易」字而已。

◎六爻意象整理如次：

初爻——多卑、元士、主世、始、本。

二爻——多譽、大夫、賓客、成、元。

三爻——多凶、諸侯、時、極、亨。

四爻——多懼、三公、位、革、利。

五爻——多功、天子、事、盛、貞。

六爻——終亢、宗廟、物、終、末。

《易緯乾鑿度》曰：「初爲元士，二爲大夫，三爲三公，四爲諸侯，五爲天子，上爲宗廟。凡此六者，陰陽所以進退，君臣所以升降，萬民所以爲象則也。」

爻之於卦而言，簡單地說，就是一種氣數的變化顯現，爻變在何處，即可知其吉凶處在那裡，因此，對於研究《易經》的人來說，「爻」的內涵意義及所具有的變化實在是有其重要的價值性。

三、卦的種類（架構）

《易經》八八六十四卦，無論是《連山易》，或是《歸藏易》，或是《周易》，其經卦皆爲八卦，別卦則有五十六卦。自古代太卜掌三易之始，其法皆異，且卦亦有不同類別之分。至於爲何要有如此的分別，大抵其因則在於實務應用之所辨明乎。畢竟，舉凡天地間之事物，皆沒有固定且一成不變的事實，因此，在於論卦辨吉凶之際，就非得以不同的角度來論述之，否則，難免就會產生偏執不客觀的論斷，而造成誤判誤斷的遺憾了。

因此，爲了增加日後論斷上之靈活與準確效應，還請各位讀者諸君多花費些心思，務必將以下所介紹的分類方法確實熟記明瞭，如此於日後的實務應用上，定能有收放自如且能得應驗如神之效應了。

(1)上（外）下（內）卦

八八六十四卦中，每一個卦均是合二個純卦而成，因此，有所謂的上（外）下（內）卦之分。例如：

天 ☰ 上（外）
地 ☷ 下（內）
否

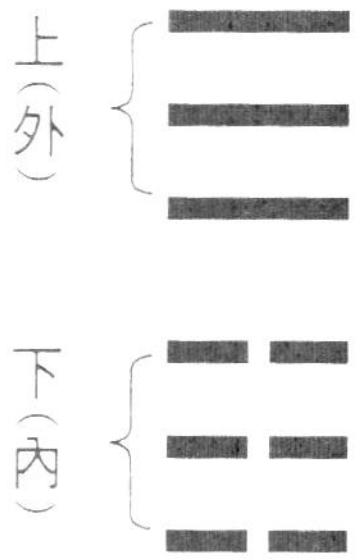

雷 ☳ 上（外）
山 ☶ 下（內）
小過

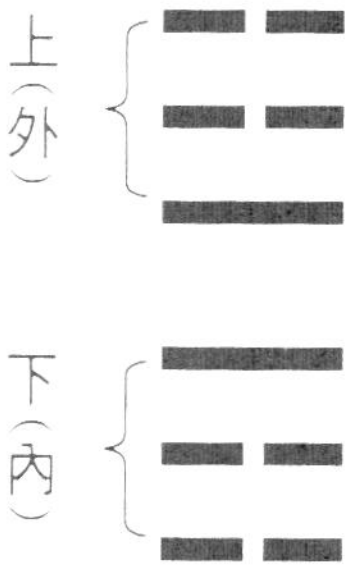

(2)純陽、純陰卦

六十四卦中，具有純陽或純陰的卦只有八卦，茲將其分別列示如下：

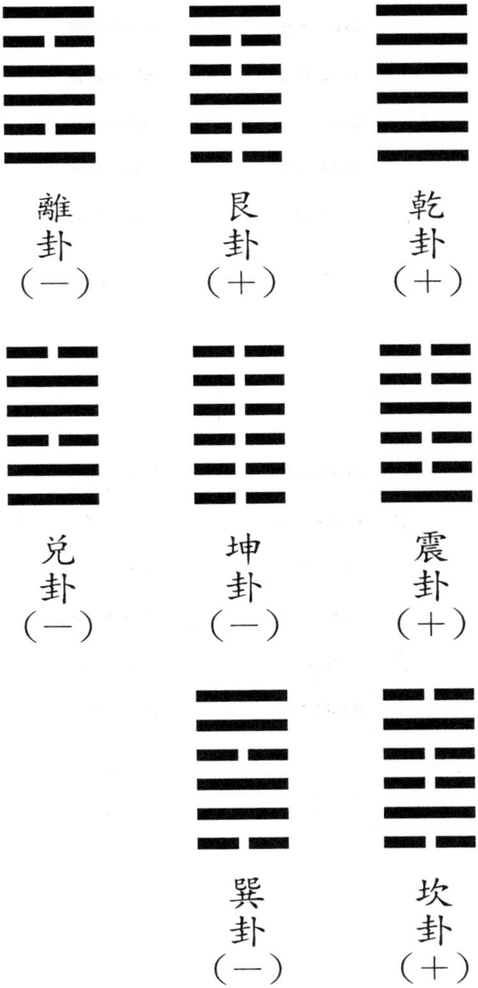

乾卦（＋）

震卦（＋）

坎卦（＋）

艮卦（＋）

坤卦（－）

巽卦（－）

離卦（－）

兌卦（－）

由於這八個卦均是兩個相同的純卦重疊，因此一般也有以「重×卦」表示之，如「重坎卦」、「重離卦」是也。

(3) 錯卦

錯卦者，即二個卦之卦爻陰陽相對也，《周易》稱「類卦」，來知德稱「錯卦」，虞翻稱「旁通卦」，亦有取其卦爻陰陽相對者，而稱爲「相對卦」，亦有「對卦」之稱。試舉例如下：

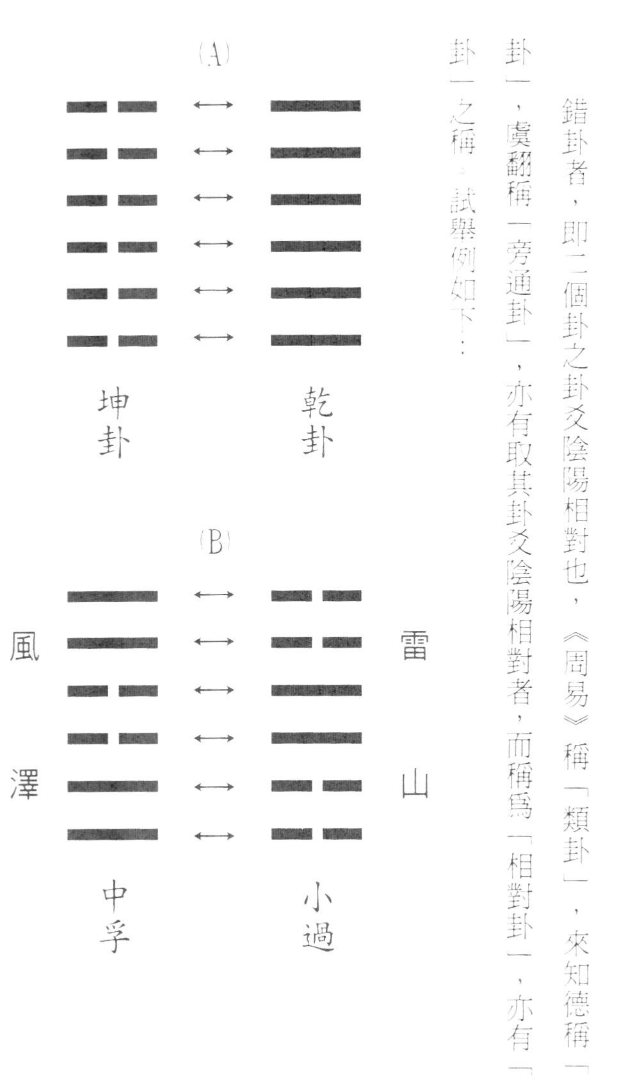

(4) 綜卦

綜卦者，即將一卦整個顛倒過來而另成一卦是也。所以亦有「反卦」或「反覆卦」之稱。例如：

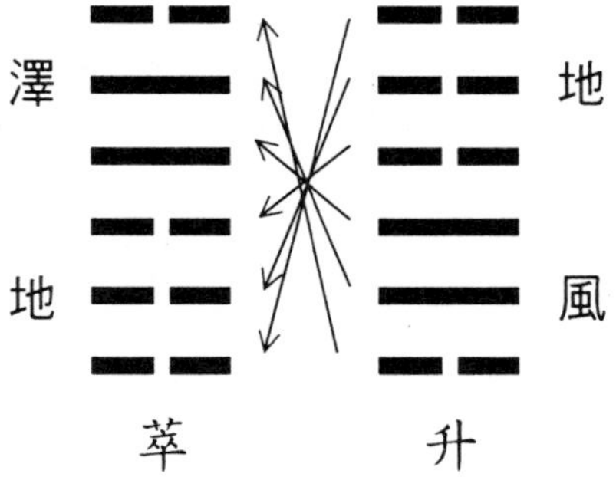

地
風
升

澤
地
萃

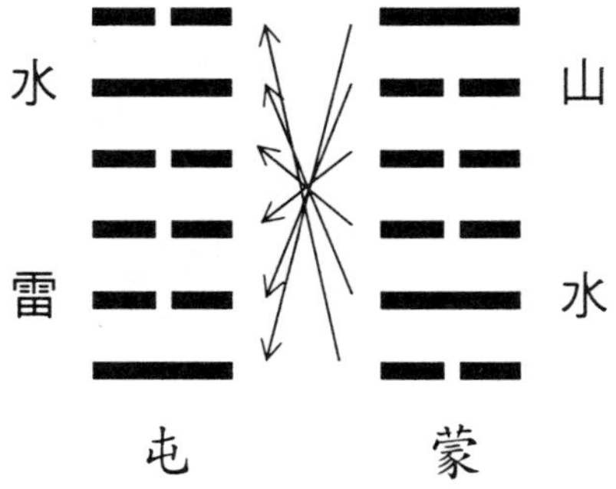

山
水
蒙

水
雷
屯

(5) 上下易卦

上下易卦，即一卦之內之上下二卦交相易位是也，亦稱「交易卦」。例如：

雷 地
地 雷
豫 復

風 水
水 風
渙 井

⑹互卦

互卦是比較麻煩一點的變換卦法，即在六畫卦中，以二爻至四爻視爲一卦作下卦，以三爻至五爻視爲一卦作上卦，如此，又可合成一複合卦是也，此法亦稱「約象」。《周易互體徵》曰：「易有互體，乃古法，左傳載陳侯之筮，遇觀之否曰：『風爲天於土上山也。』註曰：自二至四有艮象，艮爲山，是在孔子未贊易以前，已有互體之說。」又京房云：「一卦備四卦者謂之互。」又崔子元曰：「中四

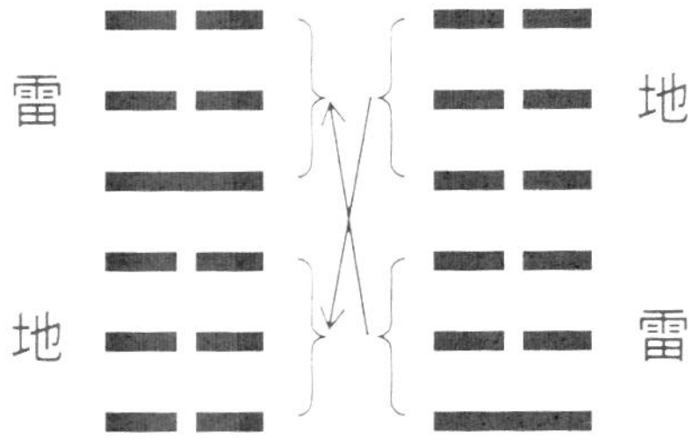

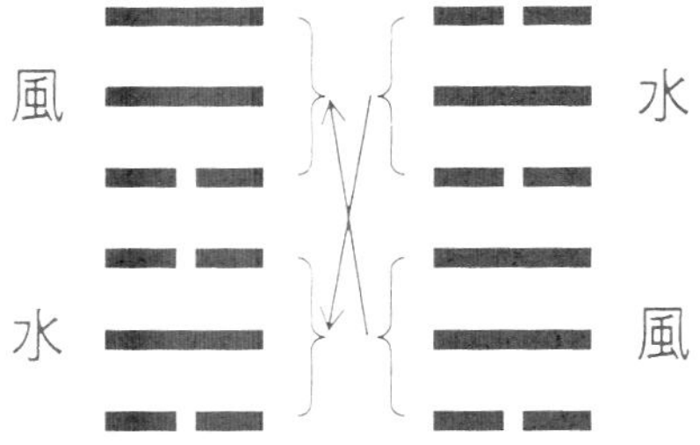

爻雜合所主之事，撰集所陳之德，能辨其是非，備在中四爻也。」茲舉例說明如下：

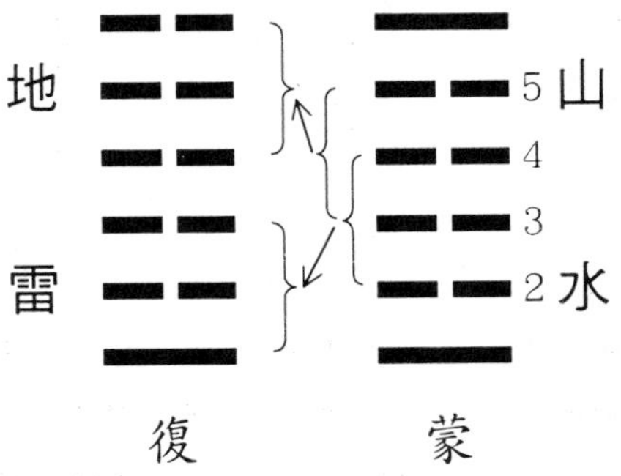

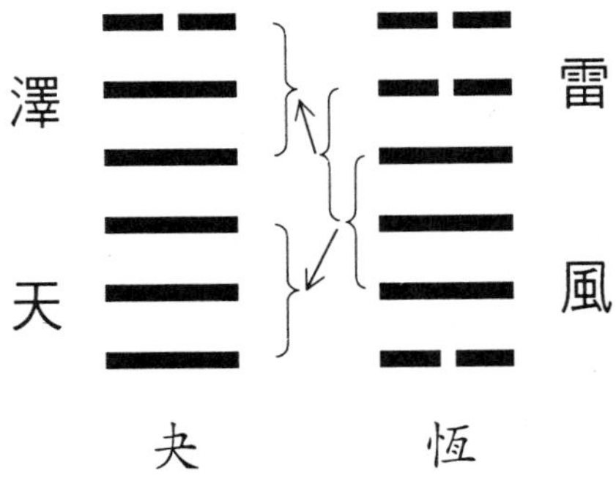

山水 蒙　地雷 復

5 4 3 2

雷風 恆　澤天 夬

(7)辟卦

辟卦者，不同於前面所介紹的各種卦的變換法，它主要是擇定六十四卦中較具有特色的十二卦，取其陰陽進退的氣數顯示，而作爲代表氣候排列的順序，因此，一般又稱其為「十二月辟卦」，其功用是供作百姓日常生活作息的參考，當然亦是用以察天地運行之消息。為便於各位閱讀，茲將其分別列示如次。

十二月辟卦圖示

月份	陽數	卦象	卦名
子十一月	一陽	地雷	復
丑十二月	二陽	地澤	臨
寅正月	三陽	地天	泰

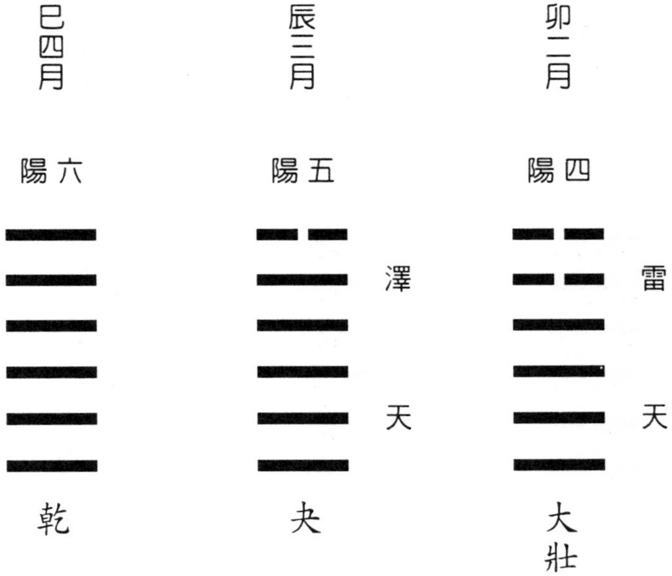

巳四月	辰三月	卯二月
陽六	陽五	陽四
	澤	雷
	天	天
乾	夬	大壯

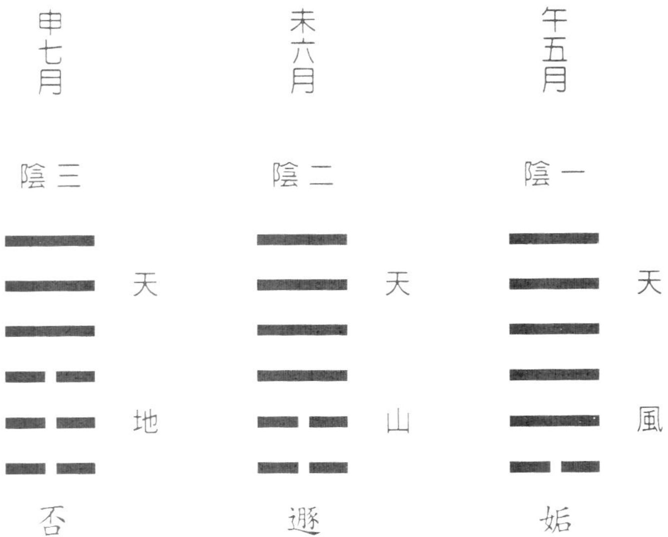
申七月
陰三
天
地
否
未六月
陰二
天
山
遯
午五月
陰一
天
風
姤

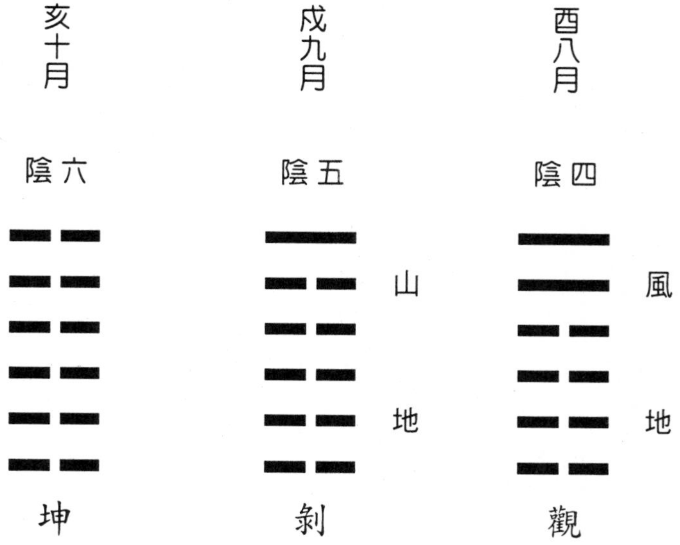

亥十月	戌九月	酉八月
陰六	陰五	陰四
	山地	風地
坤	剝	觀

四、如何著手來認識「卦」？

前面章的節內容中，我們已經將「卦爻」、「卦的種類」等介紹給各位，主要是希望各位能從最簡單的角度來瞭解「卦」，相信大家必然多少已能瞭解大概，當然，如果能多花費時間、心思再多看幾遍，保證一定能夠瞭解領悟。

接著，我們即針對「卦」本身所具有的一些內涵來作介紹。

大家都知道，整本《周易》共分爲上下二經，上經主要在演繹天地自然間氣象演變的消息，下經則是針對人文理論在作探討；而卦則僅有八八六十四卦而已。雖然乍看起來似乎就僅這六十四卦，應該是一件很簡單的學問，可是，若要真正地去懂得明白其中的變化道理，以及付諸於實際地應用，相信這就不是一件簡單的工夫呢？例如，天地何以爲「否」？但地天卻爲何又變爲「泰」？有關這其中的道理，即是我們本節所要介紹的內容。

(1)卦體

何謂「卦體」？簡單地說，就是組合一個卦的結構體，又卦是由六個爻所組合而成，換句話說，我們即可將此意象視爲一種六面體的立體架構來看待，因此，除非我們是以一種「面面俱到」的態度以視之，否則要想瞭解知其然，根本就是癡人說夢話的事。

既然無法瞭解透徹，又如何能將其付諸於實務的應用呢！所以，首先我們即就此一主題與各位共同研究探討，當然，最好的說明即是舉實例來講解。

經文：漸，女歸吉，利貞。

問：何以漸卦中會言「女歸」，且爲吉，利貞？

解：彖曰：「漸之進也，女歸吉也，進得位，往有功也。進以正，可以正邦也，其卦剛得中也。」

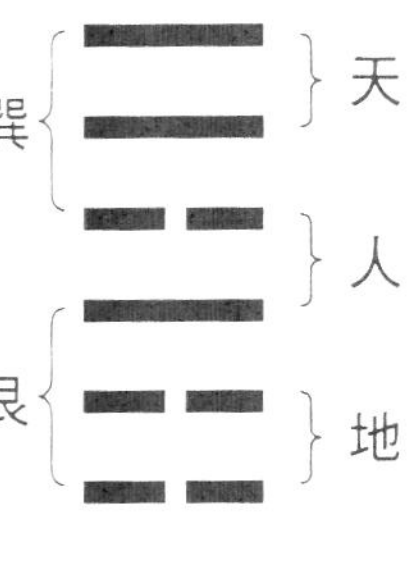

⑴初二兩爻爲地，五上兩爻爲天，均爲各得其位而正。因此，其象爲固定的，故變化即在於三四之中爻人位。

⑵三爻爲陽爻，是爲艮卦之上爻，爲男人位；四爻爲陰爻，是爲巽卦之下爻，爲女人位，亦均能各居其位。

⑶上卦爲巽，下卦爲艮，巽是女，艮爲男，以賢入艮，則是女有所歸之徵象。

⑷至於爲何用「漸」字來表示，則是因古代婚禮必也六禮備而後方能成婚，因此才以「漸」來表示緩進歸正之意。

※　※　※

由以上舉例，我們可得到一個很清晰且明確的認識，那就是「卦體」的作用可是具有多重性且立體靈活的性質，因此，若沒有全面的考量與知其所以然，則想要瞭然卦意之所指，那根本就是不太可能的事。

(2)卦德

所謂「卦德」，即是指卦的德性與功用。

什麼是卦的德性？簡單地說，就是卦的個性或特性。比方說，我們經常會用一種指責他人的口吻：「瞧瞧你這副德性，誰還敢……」，或是會用一種輕視的口吻：「就憑你這副德性，簡直是……。」

當然，一般在論及德性之際，也兼具有言其功用、功能存在，至於是好的？抑或是不好的？那就得視狀況或是所言爲何而定論。

例如，言此人品德個性善良，這個「善良」即是其功用所在，或如言此人游手好閒的德性，即可得知其人「游手好閒」的功能。

八純卦中，每一個卦亦均具有其各自的「卦德」，茲將其列述如下：

●乾—剛健、自強不息、爲尊，爲動。

●坤—柔順，包容、歸藏、養育。

●震—波動，奮起、雷行。

●坎—陷險、雨潤、就下。

●艮—止、有成、限制。

●巽—入、風、散、隱伏。

●離—麗明、日暄、火炎上。

●兌—兌現、喜悅、決意。

當然，除了以上所舉之外，另還有很多可演繹的空間，各位不妨可試著自行去演練一番，相信定能有所心得與體會領悟。

(3) 卦象

卦是包含了理、象、數三大要素的綜合體，而其中的「卦象」，更是我們察微知著，斷事驗物所最爲靈活應用之要項，所以看卦必先看象，而卦有卦象、爻有爻象，卦生於爻，爻變卦亦變，象亦隨之而變，且變之所在，即是爲象之所在。

因此，我們於《易經》的經文中可看到每爻之後都加了象辭一項，此辭即是變之所在，當然也就是象之所變爲何的所在處了。

爲了便於各位理解，茲舉一實例來說明。

問：想要變換一個工作場所可好？

解：所卜得之卦爲風地觀、初爻變。

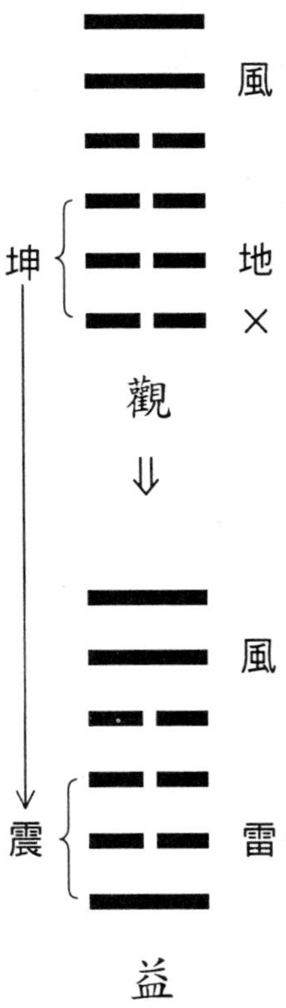

風地×　觀（坤）

⇓

風雷　益（震）

(1)占卜所得爲「風地觀卦」，觀者，觀看也，即心有所動，但卻還未付之於行動。

(2)初爻變，代表著一種時機未成熟之意，初六象曰：「童觀，小人道也。」若是因此妄加行動，則是爲不智之舉。

(3)爻變後得「風雷益卦」，是由坤卦變震卦所得，若以時間而論（占卜之時爲二月），坤卦即代表著去年七月，是爲事之起因（念頭），而震卦則爲今年四月以前，是爲事之結果。

(4)所以，若是要動的最佳時機，應在今年二～四月之間，則可得到「益」之效應。

(4)卦數

卦數即是將卦付於數字來應用推算，如前例推算時間，即是卦數的應用。另外，亦有以卦爻之數來作推算之用，由於每一卦均具有六個爻，因此，便具有天象之推演，這其中的吉凶悔吝差異極大，所以在推論上，其利害得失的情況便有了很大的不同。例如：

比九五：「顯比，王用『三』驅。」

屯六二：「女子貞，不字，『十』年乃字。」

解九二：「田獲『三』狐。」
漸九五：「『三』歲不孕。」
師九二：「王『三』錫命。」
頤六三：「『十』年勿用。」
訟九二：「其邑人『三』百戶，無眚。」
蠱卦：「先甲『三』日，後甲『三』日。」
復卦：「『七』來復。」
革卦：「『己』日乃孚。」
臨卦：「至於『八』月有凶。」

對於卦數的取決用法範圍極廣，除了前述之六爻六象之取數外（註一），更有天地範圍數，納甲數，時位配合數等之取用法，因此於研習上，非得多看、多聽，方可以得隨機取用之時效，否則亦無意義矣。

註一：〈六爻六象〉：一主（亦稱世） 二客賓（亦稱應） 三時 四位 五事 六物

(5) 卦氣

卦氣即指卦的氣數應用，包括了天地間陰陽的消息，日月寒暑之往來，萬事萬物之因果演變，以及動靜、升降、消長間之氣數現象。

對於卦氣的應用，我在前章節已稍作過介紹如十二月辟卦即是，各位不妨可再翻閱一下複習，即可體會卦氣實務應用之精髓真義所在。

五、結語

卦與卦爻，均是吾人研習《易經》所不可或缺的探討課程，因此，筆者特將此部份整理彙集，並以最淺顯明白又易懂的文字作說明，主要的目的，就是希望大家能學的輕鬆，能學得沒有一點負擔，相信如此一來，一定有助於各位於研習上之效益，且能更進一步地真正瞭解《易經》之理，以及體會領悟在聖賢們的智慧與經驗之累積結晶。

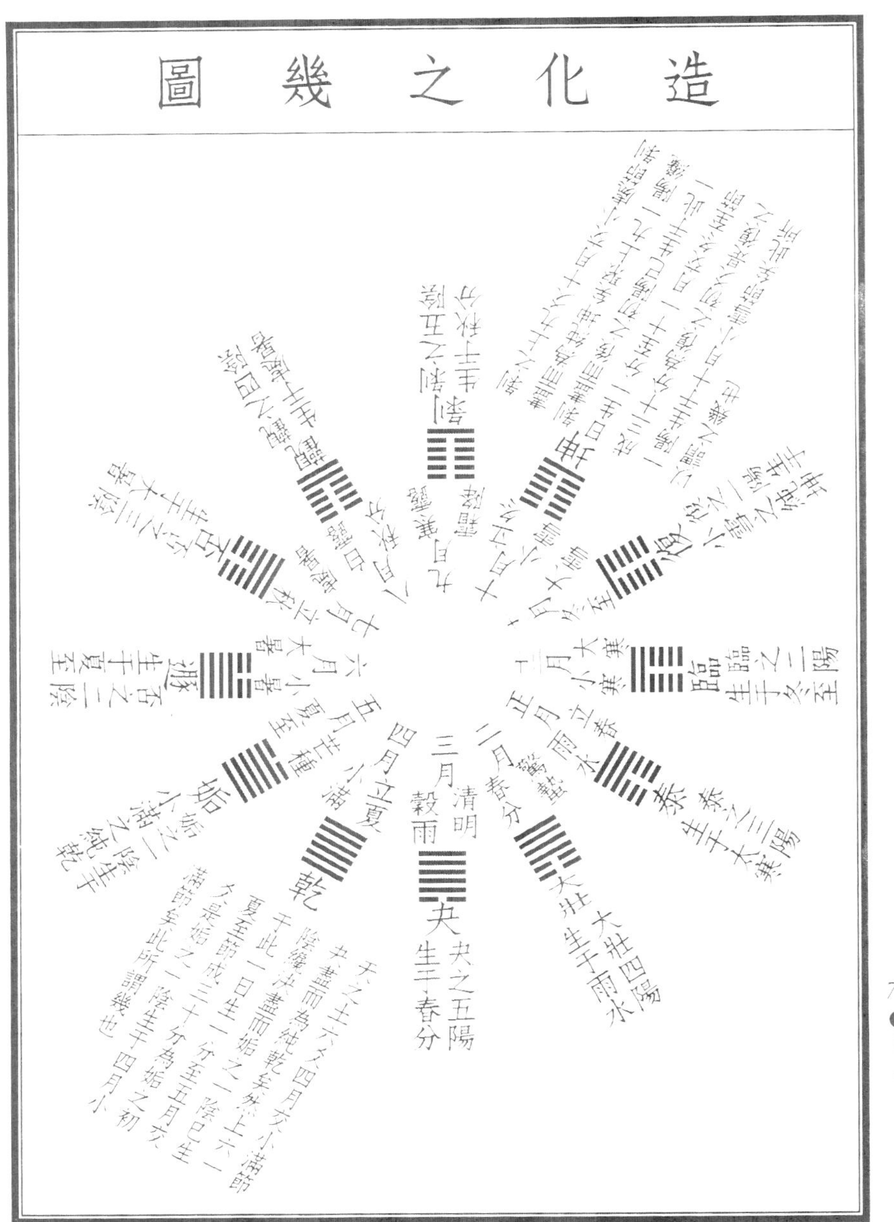
造化之幾圖
復
臨
泰
大壯
夬
乾
姤
遯
否
觀
剝
坤
臨之二陽生于冬至
泰之三陽生于大寒
大壯四陽生于雨水
夬之五陽生于春分
姤之一陰生于小滿之純乾
遯之二陰生于夏至
十二月 小寒 大寒
正月 立春 雨水
二月 驚蟄 春分
三月 清明 穀雨
四月 立夏 小滿
五月 芒種 夏至
六月 小暑 大暑
七月 立秋 處暑
八月 白露 秋分
九月 寒露 霜降

第四章（31～60分鐘）八八六十四卦的形成與內涵

每每聽到好像在背台詞的一句江湖話語：「太極生兩儀，兩儀生四象，四象生八卦，八卦演六十四卦。」到底這句話語它是在講什麼？其中又是如何地生生形成的？

一、八卦概述

談完了《易經》所具備的意義與內容後，再來就是針對其基本組織架構做個瞭解，而這個基本組織架構就是──八卦。阮元云：「聖人初畫八卦，設剛柔兩畫，象二氣也；布以三位，象三才也。」在這段話語中，有幾個重要處分別釋義如次：

(1)**剛柔兩畫**：即是以（⚊）象陽，取（⚋）以象陰；陽表剛健，陰表柔順。《繫辭》上傳曰：「一陰一陽之謂道。」正合此意。

(2)**二氣**：即陰陽二氣也，這在前面章節已有介紹論述，故在此不多作贅述。

(3)**三位**：易卦中是以三爻卦爲基本卦象，如以乾卦爲例，卦爻是從

上畫────天位
中畫────人位
初畫────地位

下畫到上，初畫表「地位」，中畫表「人位」，上畫表「天位」，此即為象徵天地人三才是也，老子云：「一生二、二生三、三生萬物。」這層意義也正好是我們平時所說的：「天時、地利與人和。」的源流出處。

再者，為何會以「八」卦稱之？而不以十卦、或六卦稱之，這就得從方位上來解釋，而此方位也就是我們平常所說的方位，如圖示。

南方
東南方
西南方
東方
西方
東北方
西北方
北方

⇓

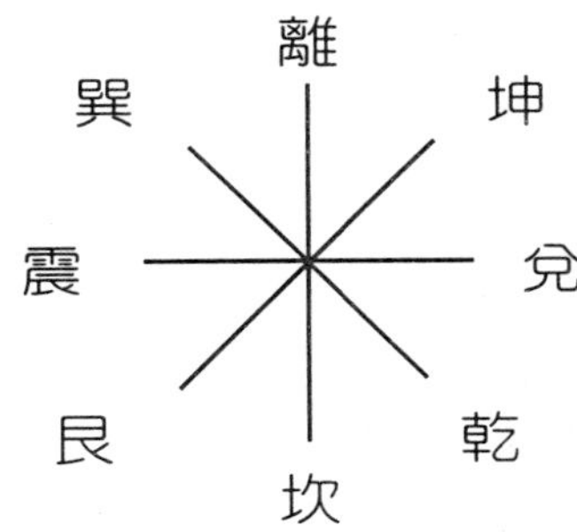

二、八卦內容

《易經》中最基本的理念是爲陰陽氣數的區分，由此而演繹出最爲簡單的代表符號即是八卦，所謂「觀變於陰陽而立卦」，即是最佳的描繪佐證。

然而，由於當時人民知識水準尚低，且又無文字的記載，因此只好以一些最平常的自然現象來表示之。憑良心說，發明「八卦」這一重大的訊息已經不簡單了，更何況又要將其用最簡單的方式表達出來，因此，還著實花費了我們伏羲氏很多寶貴的時日。

現在我們就來看看這曠世的傑作成果吧！

乾☰爲天　坤☷爲地　震☳爲雷

坎☵爲水　艮☶爲山　巽☴爲風

離☲為火　兌☱為澤

如果付諸於太極圖之演繹則如下示：

儀陽		兩儀	儀陽	
太陰	少陽	四象	少陰	太陽

坤	艮	坎	巽	八卦	震	離	兌	乾
8	7	6	5		4	3	2	1
⇓	⇓	⇓	⇓		⇓	⇓	⇓	⇓
地	山	水	風		雷	火	澤	天

至於伏羲氏為何要創設此八卦之意義，我們可由以下孔老夫子的一段話瞭然其

用意。

孔子曰：「上古之時，人民無別，群物未殊，未有衣食器用之利，伏羲乃仰觀象於天，俯觀法於地，中觀萬物之宜，於是始作八卦，以通神明之德，以類萬物之情，故易者，所以斷天地，理人倫，而明王道；是以畫八卦，建五氣，以立五常之行，象法乾坤，順陰陽，以正君臣父子夫婦之義。度時制宜，作爲罔罟，以佃以漁，以贍民用，於是人民乃治、君親以尊、臣子以順、群生和洽、各安其性。」——本段文字出自《乾鑿度》

三、八卦意象

由前述，我們已瞭解了八卦之內容如何，以及爲何要創設八卦之用意。接著下來，我們即將八卦之意象以最簡單的文字敘述來介紹給大家明白。

乾☰卦：乾，健也，主動，爲天、爲大、爲君、爲父，有自強不息、爲恆動之象。

兌☱卦：兌，說也，爲口、爲決、爲澤、爲言、爲兌現。

離☲卦：離，麗也，爲明、爲日、爲明明德、爲火。

震☳卦：震，動也，爲雷、爲行、爲電。

巽☴卦：巽，入也，爲齊、爲風、爲貫通。

坎☵卦：坎，陷也，爲險、爲水、爲勞、爲法。

艮☶卦：艮，止也，爲成、爲山、爲當止則止。

坤☷卦：坤，順也，爲靜、爲地、爲包容。

以上所列舉僅是其中之大概，各位若想詳細瞭解其各個卦之內容記載，可逕自購閱拙著《掐指神算定乾坤》進階篇第一九五頁～第二〇五頁（益群書店一九九七年三月出版），即可得到更爲深入且廣泛地資料參考。

四、八卦之「乾坤生六子」觀

八卦，除了具有對天地自然現象的解釋外，對於人倫關係亦有其「乾坤生六子」的解說演繹，簡單地說，就是以八卦作爲解說構成家庭份子的組織理論，有了此家庭的組織結構後，自然即形成了一般所謂的「倫常觀念」，進而演變擴展爲國家觀念、民族觀念。

至於「乾坤生六子」的理論是如何地演繹而來。《說卦傳》曰：「乾，天也，故稱乎父；坤，地也，故稱乎母。震一索而得男，故謂之長男；巽一索而得女，故謂之長女。坎再索而得男，故謂之中男；雖再索而得女，故謂之中女。艮三索而得男，故謂之少男；兌三索而得女，故謂之少女。」如圖示。

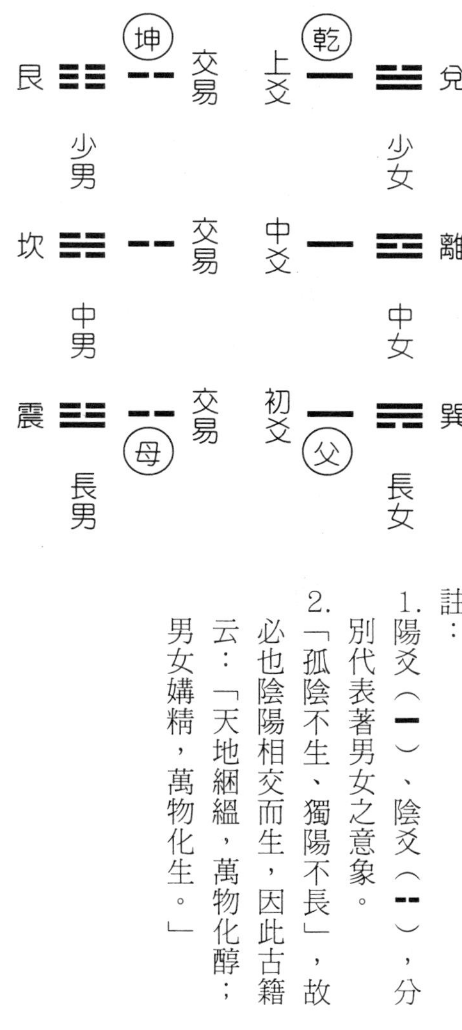

註：

1. 陽爻（⚊）、陰爻（⚋），分別代表著男女之意象。
2. 「孤陰不生、獨陽不長」，故必也陰陽相交而生，因此古籍云：「天地絪縕，萬物化醇；男女媾精，萬物化生。」

是故，由以上圖表，即可將八卦之人倫關係整理如下：

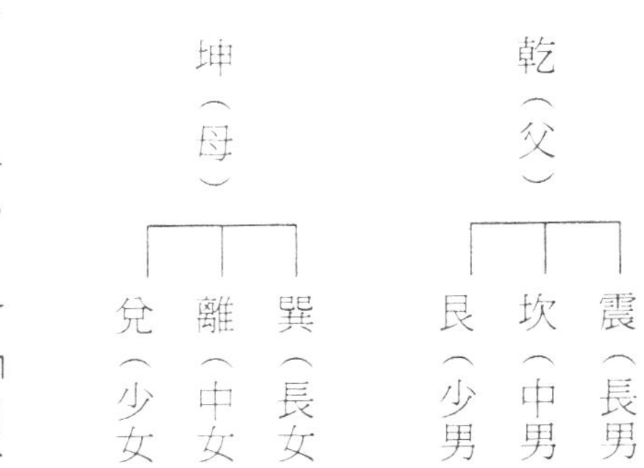

五、八卦之「體」、「用」說

「先天爲體，後天爲用。」這是一句學《易經》者常掛在嘴邊的話語，雖然它的意義很簡單，但卻有很多人不甚明白其真義之所指。

「先天爲體」之先天與體，其實本就是一體兩面的解釋，簡單地說，根本是同一種意義；另「後天爲用」中的後天與用亦是同論。

如果我們以車來作爲譬喻的話，那麼，車的外形與結構即爲先天，即爲體；而付諸於保養之事即是爲後天，即是爲用。

舉個例來證明吧！一輛進口賓士車與一輛國產裕隆車，兩者的外形結構當然是以進口賓士車取勝，但卻不能保證它一定能比國產裕隆車耐用持久，因爲這還得視使用過程中使用者保養的狀況而定，重視保養的使用者，即使是開國產裕隆車，它必定能使車輛耐用且持久，反之，就算是開賓士進口車，可能壽命還無法維持五年即成一台「銅管車」了。

這就是「體」、「用」間的相互關係，也就是俗話所說因果間的關係。自然界中的任何事物均具有此「體」與「用」的關係，只不過大家都僅注重「用」的結果，而忽略了「體」的原因，也因此造成時下社會一片的功利掛帥，名利薰心的不良風氣。

八卦有先天八卦與後天八卦之分，它們之中亦具有「體用」的關係，一般我們將伏羲氏所發明的八卦稱爲先天八卦，亦稱爲伏羲八卦；而以周文王依先天八卦所演繹出的八卦稱爲後天八卦，亦稱爲文王八卦。「先天爲體，後天爲用」即是指此而言。

至於為何有此結論，古籍《林氏易稗傳》有很詳細的說明，其內容如下：「先天所以立體也，後天所以致用也。以陰陽之體論之，巽離兌本陽體也，而陰來交之；震坎艮本陰體也，而陽來交之。伏羲之卦，得陽多者屬乎陽，得陰多者屬乎陰；後天之卦，得一陰者為三女，得一陽者為三男。先天之位，三女附乎乾，三男附乎坤，陰附陽，陽附陰也。後天之位，三男附乎乾，三女附乎坤，陰附陰，陽附陽也。」

先天八卦圖（伏羲八卦圖）

《說卦傳》曰：「天地定位。山澤通氣。雷風相薄。水火不相射。數往者順，知來者逆，八卦相錯，是故易，逆數也。」

後天八卦圖（文王八卦圖）

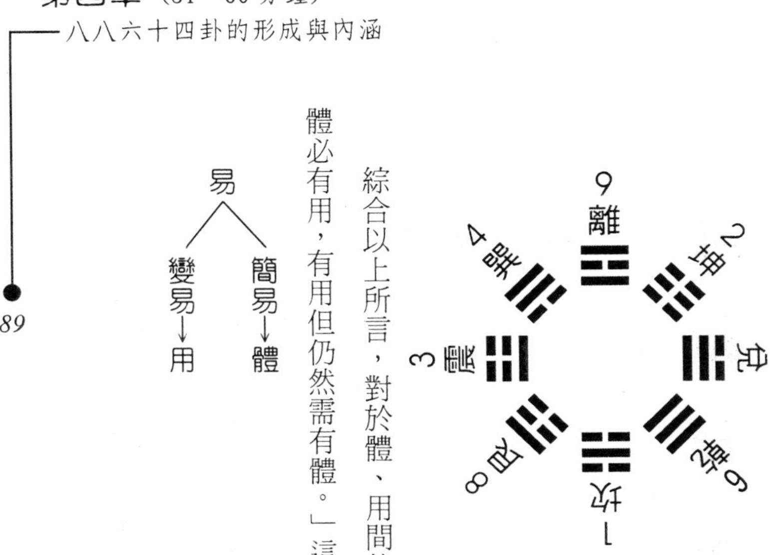

《說卦傳》曰：「帝出乎震，齊乎巽，相見乎離，致役乎坤，說言乎兌，戰乎乾，勞乎坎，成言乎艮。」

綜合以上所言，對於體、用間的關係，我們可以這麼地歸納爲二句話，即「有體必有用，有用但仍然需有體。」這就如同在前面對於「易」的解釋一般。如圖示：

易
簡易→體
變易→用

六、八八六十四卦的形成

在還沒有介紹六十四卦是如何地形成之前，我們先來解釋幾個常用的術語。茲分別列述於次：

⑴爻：「爻」是卦中最基本的元素架構，若用現代科學角度來釋義，它就是電子，可分爲陽電子（陽爻）、陰電子（陰爻）。如圖示：

陽爻（陽電子）　⚊　　陰爻（陰電子）　⚋

⑵純卦：簡單地說，它就是先天卦、伏羲卦，是由三個爻所組成的。共計有：

乾 ☰　震 ☳　坎 ☵　艮 ☶

坤 巽 離 兌

(3)複合卦：即由二個純卦所組合而成，是爲六爻卦。八八六十四卦均屬於此複合卦之典型。如表示：

〈八八六十四卦卦名表〉

下卦＼上卦	乾天	兌澤	離火	震雷	巽風	坎水	艮山	坤地
乾天	乾爲天	澤天夬	火天大有	雷天大壯	風天小畜	水天需	山天大畜	地天泰
兌澤	天澤履	兌爲澤	火澤睽	雷澤歸妹	風澤中孚	水澤節	山澤損	地澤臨
離火	天火同人	澤火革	離爲火	雷火豐	風火家人	水火既濟	山火賁	地火明夷
震雷	天雷無妄	澤雷隨	火雷噬嗑	震爲雷	風雷益	水雷屯	山雷頤	地雷復
巽風	天風姤	澤風大過	火風鼎	雷風恆	巽爲風	水風井	山風蠱	地風升
坎水	天水訟	澤水困	火水未濟	雷水解	風水渙	坎爲水	山水蒙	地水師
艮山	天山遯	澤山咸	火山旅	雷山小過	風山漸	水山蹇	艮爲山	地山謙
坤地	天地否	澤地萃	火地晉	雷地豫	風地觀	水地比	山地剝	坤爲地

(4)彖辭：彖者，材也。彖辭是在言明整卦之吉凶得失，以及趨避之竅妙所在。

(5)象辭：可分爲「大象辭」與「小象辭」二種。大象辭是在言全卦之象，及解釋整個卦的大意；小象辭是言每一爻之象，及解釋該爻的大意。

(6)文言：此僅乾坤之卦所獨有，是用來闡釋天地間自然氣數運行的道理。

以上簡單扼要地將相關且常見的術語或名詞介紹完畢，接著，我們即將六十四卦之如何形成列述如下。

八八六十四卦的形成，即是以先天的八個純卦相互地排列組合而成，各位可參閱前所附之「八八六十四卦卦名表」，即可清楚明白，茲列舉數例以供參考。

上卦	下卦	複合卦名
乾（天）	坎（水）	
☰	☵	⇒天水訟

震（雷）　艮（山）
⇓
雷山小過

巽（風）　坤（地）
⇓
風地觀

七、六十四卦之內涵意義

《易經》的內容精髓即在於六十四卦的演繹應用，上經三十卦、下經三十四卦，上經從乾坤二卦開始，言明是書所探討的內容是在天地之間的氣數變化，亦即言天道之理；下經由男女間的感情發生談到夫婦的關係開始，進而談論探討人與人間之待人接物的道理，亦即言人道之理。

因此，對於有很多人往往不知整本《易經》到底是在講些什麼？或是在談論探討些什麼？就遽下斷語地說：「易經所言的內容，根本就已經不符合現代的潮流。」這個結論不但暴露了人性「死要面子」的弱點外，最嚴重地是對於古聖先賢所遺留下來彌足珍貴的智慧經驗結晶，就這樣地任其荒廢且束諸高閣被塵封湮沒，而導致無人問津的命運。這個結局豈不是很令人遺憾且痛心的嗎？

其實，《易經》這本書，它除了在文字的敘述上是以文言的手法爲之，可能是造成時下人們研習上的困難外，其餘的，在內容演繹與推論上，可是非常地具有時代性與科學性，否則，有一位眾所周知的大科學家愛因斯坦也不會以一則「相對論」，而得到眾所矚目的諾貝爾獎。（「相對論」的主要理論精髓，即是出自於《易經》的陰陽理念。）

好了，俗謂「光說不練，等於白搭。」爲了證明六十四卦中，卦卦均富有實質的時代性與科學性，筆者特舉幾個實例來印證一下，各位不妨也花費些心思與時間，共同地來爲《易經》做個最基本的見證人。

例一：第18卦

山風蠱 巽下艮上

要旨：蠱者，蟲之用；蟲者，蠱之源。蟲之爲類、有害無害不一，但蠱則有毒亦有害。天地萬物必先自腐，諸蟲乃生。因此，古聖賢體會此自然生態之象，故以蠱者爲之以教，期圖挽救因此所造成之弊害。本卦初爻爲成卦主。

〈卦辭〉

蠱：元亨，利涉大川，先甲三日，後甲三日。

【語譯】

蠱者事之敗壞也，既然呈現敗壞之象，必定會想辦法要如何地治理整頓，這是很自然地道理。然而，治蠱之道過程必定艱難多阻，所以一定得要有不畏艱難、勇往奮發之人，才能達成治蠱的目的。所以說「元亨，利涉大川。」是也。

要想徹底地革除積欠成習的弊害，於行事上，一定要有謹慎周密的計畫，以及反覆再三地推演巡視，如此，方才有除舊佈新，撥亂反正的成效。

「先甲三日」，即巽三爻。又甲為天干之首，居東方之位，巽於東南，故言先甲三日；「後甲三日」，即指艮三爻，居東北，即東之後，故言後甲三日。

〈彖辭〉

彖曰：蠱，剛上而柔下，巽而止，蠱。蠱，元亨，而天下治也；利涉大川，往有事也，先甲三日，後甲三日，終則有始，天行也。

【語譯】

蠱卦䷑，上艮下巽，上剛下柔，陽上陰下互不相通，巽順不健，艮止又不行，大自然事物恆處於此種靜止不動的狀態，必會有所腐敗之象，故稱「蠱」。

治蠱之道，非得具有剛健與恆毅心的人才始能完成，如此，元亨則天下治矣！有為之人，於天下壞亂之時，應抱著勇往奮發的精神，而來整飭與革新，至於其間過程的艱難險阻，就宛如小舟行駛於大川般的危險。但只要有恆心、有毅力，則必無所不通，無所不解了。

治蠱之道，必也須先籌謀周詳後，方始爲之，即使於過程中有碰上什麼困難險阻的情況，也必須堅守原則，貫徹始終，這就宛如天道運行之理，日復一日，不變其所行。

新解：

彖辭主要在訓誡我們，要想革除一項積習已久之惡事，或是壞習慣，除了要具備堅強剛毅之決心外，持久不懈地貫徹到底之毅力，也是一項很重要的因素。

〈象辭〉

象曰：山下有風，蠱，君子以振民育德。

【語譯】

蠱卦上艮下巽、艮爲山，巽爲風，風於山下吹，所以造成氣流之不穩定，而使得草木東倒西歪，有破壞之意象。

有才德之人見此自然現象，即激勵自己勤於進德修業之道，以作爲振濟百姓，且培養其德性之大用。

〈爻辭〉

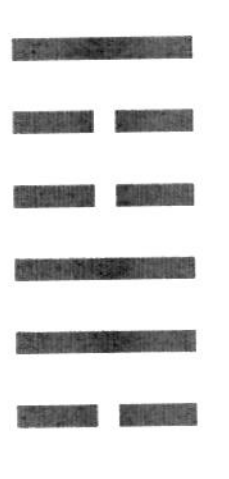

×

初六：幹父之蠱，有子考、無咎，厲終吉。

象曰：幹父之蠱，意承考也。

【語譯】

蠱卦是在談論事物前因後果的關係，舉凡事物之腐敗敝壞是爲後果，既然有此後果必然有造成此後果之前因。所以蠱卦各爻，除了上爻極位、前無所承，均以父母作爲取象譬喻。

初六陰居陽位，是爲本卦之成卦主，具有剛柔併兼之德性，象徵著爲人子女可以挽救父親頹危傾敗的事業，有子如此，則家道可興矣！然而，要挽救已然開始頹敗的大業，必定是一件不易爲之的事，除了要面對困難重重的各種狀況外，心智與毅力的考驗更是不在話下，因此必須發憤圖強，且時時地自我惕勵，能如此方始可化解此腐敗敝壞之象，而轉凶爲吉。

小象辭說：「幹父之蠱」，亦即代表著爲人子能承當父事，繼承父業之重責大任，而免使父母擔憂後繼無人。

新解：

初六陰居陽位，是爲不中不正之象，但基於一種父業子承之意象，又初六爲陰、爲巽、爲柔順，正好能符合卦象自然道理之表現，所以它又爲本卦之成卦主，秉坤之德、順承乎乾，其道即明正言順了。

九二：幹母之蠱，不可貞。

象曰：幹母之蠱，得中道也。

【語譯】

若父母均健在，不可說「考」「妣」，初六曰考，是代表著父已死，九二曰母，是爲寡母猶在。

九二陽居陰位，得中道，是爲剛柔兼具之象，又上應六五之尊位，所以代表著以其陽剛之健，能輔助改革「幹母之蠱」。然而，基於男人與女人性格上的不同，所以在處理解決之時，方法與態度不可過於剛直，且強硬偏執，果如此則定會有傷母子之情，所以，必也須將委曲順承、循序漸進的方法，如此則可有完美且圓滿的成效。

小象辭說：處理「幹母之蠱」的方法原則，即在於其居內卦之中的德性，所以說另其得中道也。

新解：

本爻以男女有別之意象，告訴我們於處理或革除一些積惡習已久之方法，除了要有剛強之恆心與毅力外，適事而爲的方法原則，才足以能對症下藥且徹底地解決。如公司中明明是業績差的要命，你卻在處理人事的變動。

䷑

九三：幹父之蠱，小有悔無大咎。

象曰：幹父之蠱，終無咎也。

【語譯】

九三陽居陽位，又處巽卦之極，是爲不中但卻得正之象。比喻其人於糾正父親過錯之態度，雖然有魄力且無私意妄行，但是，卻嫌太過於剛愎自用，緩急失調，有失其爲人子之道，畢竟巽極之位，其精神在於承順。因此，雖然在行爲態度有嫌過之處，但還不失其正義之理，所以，仍不以有什麼大過錯論之。

小象辭說：九三之有咎在於其偏剛之資，以及矯枉過正之態，但還好九三得其位，不失其正，又能巽順於人，所以最後仍得以無咎論之。

新辭：

任何的規勸行爲，或是革新行動，主要的目的就是希望能達到我們所要求的目標，因此，在原則方法上，勢必要剛毅且堅決，但在實際的處置上，服人服眾卻是最重要的關鍵要素，因此，不要太過於剛愎自用，以及太過於地強人所難，相信一定能圓滿且和諧地達成目的。

六四：裕父之蠱，往見吝。

象曰：裕父之蠱，往未得也。

【語譯】

六四陰居陰位，雖得其正，但以其陰柔之質，妄想行圖強革新之重任，最後一定會有所差吝的，即俗謂「自不量力」是也。

小象辭說：六四以柔弱陰靜之才質，而想當治蠱之大任，原本就是一件自不量力的事實，更何況還想要有所作爲，即更是不可能達到預期的目的。

新解：

自己有多少能力就去做多少事，如此才有成事的機會，否則，只能換得「吃力不討好」的下場，如叫不會水性的人，下水去救人，那豈不是要他的命嗎？

儘管這層道理很簡單，可是，人們往往為了一個「面子」的問題，而弄得自己不但是灰頭土臉，而且還搞得「豬八戒照鏡子——兩面不是人」之窘態，你說，這又是何苦呢？

×

六五：幹父之蠱，用譽。

象曰：幹父用譽，承以德也。

【語譯】

六五陰居陽位，剛柔並濟，又處帝尊之位，是為能承繼父業，且具有治蠱之幹才的象徵。又因為六五下應九二，有著上下能得以相輔相成之象，故而於治蠱的過程中，能夠勝任的愉快且圓滿達成目的，故曰「用譽」。

小象辭說：六五以其柔順之德，且感召九二剛中之臣，共同來成就幹父用譽之功，此種用德不用武的表現，故曰：「承以德也」。

新解：

古書云：「以德服人，從；以武服人，咎。」治蠱之道亦然。將此道理移至於我們的日常生活中，更是有其顯著的效果。如要協調鄰里之人，將門前的溝渠清理疏通，勢必要以誠懇的態度，來與大家共同協調諮商，如此，事情才會有一個完美圓滿的結局；反之，如果以一種命令式，或是偏執自以爲是的方式來行之，其結果相信不用筆者多說，各位定能明白瞭解。

×

上九：不事王侯，高尚其事。

象曰：不事王侯，志可則也。

【語譯】

上九陽居陰位，又居卦之外緣，是爲一種功成身退之象。有才德之人處此之際，定以潔身自守，勤修德業，不等於世務所纏，而置身於超然之境，不問俗事。

小象辭說：上九爲一種功成身退，優游於林泉之象，所以，其所有之志節，足以起頑立懦之警世功效，而作爲仍處紅塵中人之行爲處事法則。

新解：

「走入紅塵，不惹紅塵。」是一件不得已的心態。

「脫出紅塵，心在紅塵。」是一種自找麻煩的意境。

「脫出紅塵，紅塵爲何？」是一種超凡入聖的意境。

時下表面是「脫出紅塵」之輩者甚多，可惜的是，大多仍爲「心在紅塵」，且「惹紅塵」，這層境界與「掛羊頭賣狗肉」又有什麼差別呢？

例二：第14卦

火天大有　乾下離上

䷍

要旨：本卦可算是六十四卦中最好的卦。大有者，即盛大豐富之意。其與同人卦雖相反，但實有相成之意，也就是說，同人之道若能順遂圓滿，則天下事物亦皆會歸其所有，故曰大有。另就卦爻之象來說，六五爻是為本卦之成卦主，象徵著一陰包容眾陽且為其所有，是以稱之「大有」。

〈卦辭〉

大有：元亨

【語譯】

大有，乾剛健在內，離文明在外，如日行於天，其光芒廣照大地，萬物皆能得其所用且茂盛繁華，如此便是大通利達之道。

新解：

六五陰居陽位，且為君位，有著剛柔並兼之德性，故能包容眾陽且使其樂為所有。再者，六五與九二相正應，象徵著不自大且能廣納下位者之胸襟。因此，才謂「大有」。

〈象辭〉

彖曰：大有，柔得尊位，大中而上下應之，曰大有。其德剛健而文明，應乎天而時行，是以元亨。

【語譯】

大有五陽應一陰，且六五以陰居尊位，處中得大中之道，又上下均與其相應，所以為大有是也。內乾剛健，外離文明，如日行於天，是為順應天時；而六五又與九二相應，是為應乎乾道。也就是具備了此剛健又文明之德，且順應天時運行之道，來作為人生待人處事之原則，如此，則前途必可大為通暢且無阻了。

新解：

文明，可比喻爲一種外在的包裝、精美又艷麗異常，足以令人心動且想據爲所有；剛健，可比喻爲一種實實在在的產品，堅固又耐用長久。試想，這種產品它能不廣受大眾的喜愛與選購嗎？所以，一定能讓出產者賺取到豐厚的利潤，這就是「大有」之精義。

〈象辭〉

象曰：火在天上，大有。君子以遏惡揚善，順天休命。

【語譯】

根據卦象顯示，大有乾下離上、乾爲天、離爲火，故爲火在天上之象，是爲普照萬物而無遺，所以爲「大有」。有才德之人體會此卦象之意，於是以明察秋毫之心，來杜絕眾惡之發跡流行，並極力地倡導發揚善行與德性，這就是順應天道美善之德性，而來完成吉慶祥和的人生意義。

新解：

大有，離在外，是爲一種揚善之比喻；乾在內、爲剛健，有著遏惡的力量，所謂「心生歹念」，「心圖不軌」，故以乾在內之象，而用以制惡之比喻，實是巧妙至極。

〈爻辭〉

䷍ ×

初九：無交害，匪咎，艱則無咎。

象曰：大有初九，無交害也。

【語譯】

初九居大有之始，陽居陽位得其正道，雖有未至於盛，是故仍屬於謙卑而無驕盈之泰，無交家，故亦涉於害也。富者交遊廣泛也易陷於濫交的程度，所以極易招致禍害。因此，最好是能以思艱兢畏的心態自處，且謹慎地結交朋友，如此則禍害不侵，其咎自可免矣！

小象辭說：初九是爲大有之始，且陽居陽位又得正道，所以雖有富，但仍能素位而行，堅守其剛正不阿的個性，因此，自可免於同流合污之慮，以及濫交之禍害。

新解：

人們攀權附貴的心態是極爲自然的現象，因此，有錢的人大多交遊廣闊，不論三教九流均包含之。當然，這其中的份子有好、亦有壞，如果碰上一些存心不良之輩，則不免會有招致禍害之慮。

這種現象於時下的社會更是時有所聞，如富商或其子女遭人綁架勒索，或是遭到不明電話的恐嚇等，所以，爻辭才會說：「艱則無咎」。「無交害」。

九二：大車以載，有攸往、無咎。

象曰：大車以載，積中不敗也。

【語譯】

九二陽居陰位，且位在下卦之中，又與六五成卦主爲正應，象徵著可得上位君王之倚任，剛健且具學識，又能謙順得中，因此便爲無過。這就好像大車之材，強壯的能勝載重物，可以任重而行遠，故有攸往而無咎厲也。

小象辭說：九二剛健而柔中，有如大車載物其中而不會損敗，穩當又可靠，能任重而致遠，故能勝大有之任也。

新解：

有才德之人，雖然富有，但是仍以謙卑的態度待人，心胸廣闊，無私，故能得望眾而更加興旺，如此，自可遠離禍端之危害了。

反觀現今社會上有錢的人，不但在物質生活上，有極盡奢侈糜爛之象，更唯恐別人不知道他有錢，所以就四處地招搖擺闊，試問此舉能不自招禍引害嗎？俗話說的好：「搖擺沒有落魄的久。」即是最佳的警世語。

×

九三：公用亨于天子，小人弗克。

象曰：公用亨于天子，小人害也。

【語譯】

九三居下乾之上，以陽居陽是處得其位，又有初九與九二爲其在下任用之人，故象其地位之崇高，用以喻諸侯。

《繫辭傳》曰：「三與五同功而異位。」五爲天子，則三自當爲王公諸侯，因此，九三之公侯上承天子，天子居天下之尊，率土之濱，莫非王臣，在下者何敢專有？凡土地之富，人民之眾，皆王者之有也。是故九三當大有之時，居諸侯之冠，有其富盛，必用亨通乎天子，此舉必也要剛正有德者，方才得以行為之，而合乎人臣為道之理。反之，小人若得此權勢之利便，必然假公濟私，且大行搜括侵占之能事，如此豈能保有大有之勢，當然更是沒有所謂「公以奉上」之理念，全部中飽私囊，是故才說「小人弗克」。

小象辭說：公家所擁有的，必都用以亨以天子，但小人不知此奉上之道理，一旦讓其大有則必然要生禍端了，如此之大有，反而把小人給害了。

新解：

君子與小人之分野，一曰心胸，二曰行為處事。君子之人心胸定然寬大，能廣納各方之意見；小人則不然，處處必也先為自己打算，甚至更踰越地企圖將他人的佔為己有。君子行為處事的著眼點是在於大眾，而且是以光明正大的心胸去行為之；而小人則否，除了處處以自私自利為著眼點外，一旦讓其有了權勢，更會擅用職權以滿足其搜括佔有之私慾。

這種現象於現今社會中處處可見，尤其是在政府機關中，更是司空見慣。就像筆者的一位老朋友，其任職的機關主管，就是一個不折不扣的小人，平日除了向下屬們揩油借貸（當然不可能償還）外，一旦逢有調遷之情事，必也「以價易位」，也就是所謂的「前敬後謝」的臭包。

尤其是令人不齒的，就是對未婚或是離婚的女性部屬，經常擅用職權做出一些性騷擾之行爲。但老天還是蠻公道的，聽我那位朋友說，最近有風聲他被人檢舉了，而且可能還會吃上官司刑案。

×

九四：匪其彭（ㄆㄤˊ），無咎。

象曰：匪其彭，無咎，明辨晢也。

【語譯】

九四陽居陰位，剛柔並兼，又伴於六五之下，有如接近君王之大臣，其權勢過盛（已超越了下乾之卦），此時若能以謙損之態度，不自恃其富而驕橫，如此便無所咎也。

小象辭說：之所以能「匪其彭，無咎。」主要是自己能看清楚自己所處之地位，是一個非常容易招人猜疑且妒嫉致禍之所在，所以，不敢掉以輕心地以此而自滿，且驕橫無道，故能因此而無所咎也。

新解：

人生在世，若能隨時抱持著「虛懷若谷」的處事態度以自處，相信不但可得眾人之認同，而且還不會招致禍害之事端，所謂「滿招損，謙受益。」即是最佳之例證。

×

六五：厥孚交如，威如，吉。

象曰：厥孚交如，信以發志也，威如之吉，易而無備也。

【語譯】

六五居君位，且位於離明之中，有著執柔守中之象。爲君者，雖是處於至高無上之地位，但他卻能以執中用柔之心態，虛心地廣結下位的賢明之人，因此，而得天下百姓之心悅誠服，像這種上下均能以誠信之心而相互往來，且他又能以公正無私的態度來處理眾人之事，如此自然地使人感受到他那份剛正無私，以及威嚴凜然之氣勢，所以，天下人心安定，眾志亦悅從於他，其吉可知矣！

小象辭說：上下均能夠以誠信之志而相互對待，再加上處事之公正嚴明，坦蕩無私，自然地無所猜疑與戒備了，如此便有吉之效應了。

新解：

「心悅誠服」之精義，即在一「誠」字。服者，服氣也，亦可隱喻著一種威嚴之象徵，但雖有感受到威嚴之氣勢，然而卻能甘心地臣服其勢之下。這對於「管理眾人之事」，以及「待人之道」而言，實在是一項很實用，但卻也很深奧的課程。

上九：自天祐之，吉無不利。

象曰：大有上吉，自天祐之。

【語譯】

上九爲大有之極，以陽居陰位，又下履六五，故象徵著雖然於極位，但不居其有，則不至於過極也，不過極則無盈滿之災，再加上又承續了六五蹈履誠信之德，故其心胸坦蕩且光明無私，因此，於行爲處事之表現，有著與世無爭，高尚其志之態，如此自能獲得天祐，而無往不吉了。

小象辭說：上九離處極位，有豐富之象，但卻不以極權自用，且能降志以應六五，此種具履信思順之德性，正是合於天道之理，上九能如此，上天自然就會降福以祐之了。

新解：

俗云：「憨人有憨福」。但言雖「憨」，其實一點也不「憨」，因為這種人才是真正地符合，且具備了上九所具有的德性，因此，上天即會降福於他。想想這層道理，不也是挺有諷刺世人之意味嗎？誰最「憨」？笑人「憨」的人，最「憨」。不是嗎？

結語：

大有之道，不在於「飽暖思淫慾」，不在於「狗眼看人低」，不在於「恃權勢而作威作福」，但是這些，現今之世人卻都具備且也行之有年了。所以，世道會衰亂，人心會不古，就是大家都不知道要以「履信思順」的態度，來表現「大有」真正的精義所在。

八、結語

由於本章節的內容，完全是進入《易經》必備且必修的課程，因此於篇幅上，筆者特別添加了許多資料，以求各位於研習上能多一分增益助力，進而洞澈瞭解其中之內容。

整本《易經》即是以「卦」在解釋天地自然間萬事萬物變化之契機，因此，對於卦的形成、卦的意義，以及卦的內涵等，非必得先行研究探討明白不可，否則，一旦於實務的論斷應用上，就無法拿捏恰當，當然，更甭說能斷的準確無誤且出神入化了。

所以，對於本章節的內容敘述，請各位讀者務必要多閱讀幾遍，且必須多費些心思去體會領悟，能如此，相信對於接下來的章節解說，一定能夠研習得輕輕鬆鬆，且能邁向《易經》神秘的堂奧探討。

第五章（61～90分鐘）
六十四卦卦名概談

在前面的諸章節中，我們大致已將一些有關《易經》的基本知識，及相關的資料介紹闡釋，相信各位必然已有所體會與領悟。

然而，有一點必須先向各位讀友報告的，那就是研習《易經》所得到的領悟與心得，是一種與日俱增、日新月異的情形，因此，我經常和學員說：「研習《易經》的人，絕對沒有機會得老人痴呆症。」

當然，憑心而論，在研易的心路過程中，也經常會有絞盡腦汁或挖空心思，但卻一無所獲的情形，然而，所謂有瓶頸，就代表著還有市場，前景可開發，因此，一旦突破了瓶頸所限，那份無法言喻的歡暢與欣喜可是非筆墨所能形容的。

其實人的一生，不論是研易、或爲學，或是做任何事，其間的過程起伏與得失，大抵有著相類似的情形，只要我們秉持著堅毅的信念，持久的埋頭爲之，最後的成功相信定是非你莫屬了。

好了，話題扯遠了，咱們言歸正傳，回到本章所要談論的主題吧！

一、六十四卦卦名之由來

《易經》的六十四卦，相信各位必然已不陌生了，因爲於前之章節不但有介紹，而且有詳細的分析與解說。但是，各位是否有發現一件事，那就是每一卦均有著一個名稱如風雷「益」，水地「比」等，雖然它的意義就如同人的名字一般，但各位可曾想過，它是根據什麼角度或理由來取名的呢？

還有，於六十四卦中的每一卦，不但在內涵上意深義遠，且於內容上更是廣徵博引，然而視其所取之卦名卻僅有一、二字而已，這其中是否又有什麼玄機，或是僅爲古聖賢們在玩弄文字的技巧而已？

對於上述之疑問，相信有很多人也不甚明白其原委，然而，有疑問，就要試著去找出其答案，這是一種爲學應具備的態度，現在就讓我們共同來探討研究這個問題的原委吧！

每一個人都有著一個代表自己的名字，如張三代表你、李四代表他，或者王五代表我；而每一件物品亦有著它的代表名稱，如桌子、椅子、黑板、白板等。這些相信是眾所周知，且被列爲是必然的事實，然而，各位是否有曾想過這些代表人事物的名稱是依何而取？或是因何而命名？

「名符其實」，這一句話相信大家都知道，其中的「名」也就是「實」的代表符號，否則即變成了「名不正則言不順了」，因此萬物莫不有名，當然，卦自是不能例外，可是爲物取名很簡單，但爲卦正名可就不是那麼容易的事了，因爲再怎麼說，卦僅是有象而已，並不如物有具體可依據取呼之，所以能爲卦取名實在已經不是一件容易的事，再加上古聖先賢竟然不但能將每一個卦付諸於一個名字，而且字數竟然僅有以一個字或二個字表示之，這實在就非常地令人不佩服都不行。

好了，佩服歸佩服，那到底古聖先賢他們是以何依據來爲卦正名呢？

現在我們所接觸到或作爲研習的《易經》範本，大抵是以《周易》爲主，也就是周文王參究夏之連易山，商之歸藏易幾經斟酌損益而集整編纂所成。這其中的純卦有八，複合卦（亦稱別卦）有五十六卦，其實名稱早已在夏易與商易即有定名，文王不過是依其所適當或有仍沿用舊卦名，或有以別立新卦名爲之而已，儘管如此，這項工程也足足花費了文王九年囚禁的時光。

至於古聖先賢或者我們直接以當初作易的聖哲，到底他們是以何依據來定卦名呢？這個答案若要詳細探討，可能不是短短數語即可說的清楚，以下文字記載即可證明。《繫辭下傳》曰：「仰則觀象於天，俯則觀法於地，觀鳥獸之文，與地之宜；近取諸身，遠取諸物。」所以，我們大致僅能整理出一個大原則的答案，那就是以所成卦中的體、象、數類中的含義，再採簡括適當的名詞、或動詞、或形容詞來一一加以定名而已。

二、六十四卦中的單名卦與雙名卦

周易六十四卦的卦名，大抵可分為單名卦與雙名卦二種，各位可不要小看了這個事實，畢竟它還是冠絕古今，絕無僅有的特色，至少到目前為止，全世界各國還沒有一本書的文字描繪有勝過它此項的特色。因此，我總是稱其為「東方的國寶書」，其因即在此。

在周易六十四卦中，卦名爲一個字的共計有四十九卦，卦名爲二個字的計有十五卦。爲使各位便於查看，茲就其內容分別列述如次：

(1)單名卦（即卦名為一個字）

◎上經部：計有二十三卦。

乾、坤、屯、蒙、需、訟、師、比、履、泰、否、謙、豫、隨、蠱、臨、觀、賁、剝、復、頤、坎、離。

◎下經部：計有二十六卦。

咸、恆、遯、晉、睽、蹇、解、損、益、夬、姤、萃、升、困、井、革、鼎、震、艮、漸、豐、旅、巽、兌、渙、節。

(2)雙名卦（即卦名為二個字）

◎上經部：計有七卦。

小畜、同人、大有、噬嗑、無妄、大畜、大過。

◎下經部：計有八卦。

大壯、明夷、家人、歸妹、中孚、小過、既濟、未濟。

※ ※ ※

看見了以上單名卦與雙名卦的數量與分佈情形後，各位是否已發現了一個問題，那就是爲何雙名卦僅有十五個？其實這十五之數即是生數一二三四五之和。

既然談到了「生數」，爲何不見「成數」呢？有，當然有。

各位諸君大德是否發現到，雙名卦於上經部中計有「七」個卦，於下經部中計有「八」個卦，而成數有六七八九，所缺的「六」與「九」又在那裡呢？要知道這「六」與「九」在何處，由以下圖表各位即可清楚瞭然。

陽四宮

- 乾宮：火天大有。
- 震宮：澤風大過。
- 坎宮：水火既濟，地火明夷。
- 艮宮：山天大畜，風澤中孚。

陰四宮

坤宮：雷天大壯。

巽宮：風天小畜，風火家人，天雷無妄、火雷噬嗑。

離宮：火水未濟，天火同人。

兌宮：雷山小過，雷澤歸妹。

由表中，我們可清楚地看出，雙名卦列於陽宮者有「六」，列於陰宮者有「九」，而乾用「九」，坤用「六」，這「用九藏六」或「用六藏九」之意，可是《易經》陰陽造化之妙的最高指導原則。

所以，綜合上述，這六七八九之數，即是「成數」所在之隱喻處。

因此，眾人皆謂《易經》難讀、難懂，其實關鍵處並不在於經文，而是在其隱喻之處，由此，我們即可很清楚地得到印證。

雖然《易經》是有其困難不易懂之處，但若能有緣和一位真正懂易之人研習探討，相信這些問題必然能迎刃而解。畢竟《易經》就是「易」經，不是嗎？

三、六十四卦立名概述

周易六十四卦之卦名取義，其範圍甚廣且包羅萬象，因此，對於以下筆者所作之釋義，還請各位諸君大德當作一項參考即可，簡單地說：「不是唯一」，OK！

(1) ☰ 乾

京房《易傳》曰：「乾象堅剛，天地之尊，故曰堅剛。說卦：乾，健也。言天之體，以健爲用，運行不息，應化無窮。聖人則之，欲使人法天之用，不法天之體，所以不名爲天而名乾。」《說文》：「乾，上出也。」

乾卦六爻均爲陽爻，陽者，有發散、付出、堅毅、剛健等之意象，因此，若僅以「天」爲卦名，好像似乎是太狹義了些，所以在聖賢擇其綜合意象之代表「乾」而命名之，實是高明至極。

其實除了乾卦外，其除七個重卦（☷坤，☳震，☵坎，☶艮，☴巽，

☲離，☱兌），也大多是採取這個角度來命名，畢竟它們均是相同地兩個純卦所組而合成的。

(2) ䷁ 坤

彖曰：「至哉坤元，萬物資生，乃順承天。坤厚載物，德合無疆，含弘光大，品物咸亨。」《說文》：「坤，地也，從土從申。」

承，順承也，這是以乾的角度來論述的。乾為天，在上，坤為地，在下。又從申，一陰起於午，二陰臨於未，三陰至於申是也。陰者，柔順、內斂、包容是也，坤上坤下，成為至順，且地大至博，包含內斂且能資生萬物，故曰「含弘光大，品物咸亨。」但若僅以「地」為名，似乎無法表現出其「至哉坤元」的精髓，因此以「坤」為名，實在是包括了它的內涵意義。

(3) ䷂ 屯

屯卦，下震上坎。震為雷，為動；坎為雲，為險。彖曰：「屯。剛柔始交而難生。」

若以下卦來看，陽爻動於二陰之下；若以上卦坎來看，一陽陷於二陰之間，坎爲雲，震爲雷，陰陽二氣只是開始集結但尚未交媾，故曰「難生」，因此才將「屯」置於乾坤二卦之後排列，代表著天地間自然氣數，由此，即將展開變化是也。故屯者，囤積、蓄勢待發之象。所以，凡卜得此卦，均不宜付諸行動，只宜從事計畫、謀策。

(4) ䷃ 蒙

蒙者，啓蒙、教育是也。《說文》：「蒙，萌也。」下坎上艮，有如山中之泉水，一定得經過層層的過濾沈澱，方可得到一股沁涼清澈的山泉水。這就宛如一個人要想有所成器與成就，必然需要接受教育的薰陶與培植，陸振奇云：「屯者世之蒙，乃未開治天下，故曰草昧。蒙者人之屯，乃未學識之赤子，故曰童蒙。」

「胎教」一詞，相信大家都很熟悉且了解，陰陽相交始能成孕，此時教育即可開始，若是再等到孩子出生後再行教育，那就真正地讓孩子已輸在起跑點上了。

(5) ䷄ 需

象曰：「需者，順也。」序卦：「需，養也。」何揩云：「三陽上進而遇險阻，必待九五之援而後可以成利涉之績，故曰需。須養而成，有待而行。此卦與漸卦皆取有待而進之意。」

女子受孕後，即可開始胎教，但養成更是必需的條件，否則等於零。因此，需卦緊接著蒙卦而列，即有著必須養育之真義。

(6) ䷅ 訟

《說文》云：「訟，爭也。」《禮運》曰：「飲食男女，人之大欲存焉，有欲則爭。」俗諺：「人爲財死，鳥爲食亡。」有所需，必然會起爭執或紛爭，因此，需卦是上坎下乾，而訟卦則爲上乾下坎，實有其一體兩面之顯象。

另，若從卦象來看，乾氣向上，坎氣往下，故象曰：「天與水違行，訟。」由此即可窺探出端倪。

(7) ䷆ 師

彖曰：「師，眾也。」卦象上坤下坎，象曰：「地中有水。」即地下水也。依據地學原理，地下之水其蘊藏量之豐必多於地上之水，且往往無法預測其所暗藏的險惡，因此，若能將其正確的開掘疏導且積蓄，方能對人們有所益利，故象曰：「君子以容民畜眾。」

這就是古聖賢以水藏於地底之象，而寓兵於民。坎者，水也，一陽居中得正，故民可從之，群龍有首，故有聚集成師之徵象也。

(8) ䷇ 比

彖曰：「比，吉也。比，輔也，下順從也。」象曰：「地下有水，比。」

師卦上坤下坎，比卦上坎下坤，地下之水量多且爲藏不測於至靜之中，故有憂之象，所以一定要有正確地開掘疏導，方不致於成災作禍；至於地上之水量少且明現於地上，因此，只需要將其匯集即可利用，故彖曰：「比，吉也。」

若以先後卦位來看，後天北方之坎原就是先天卦之坤位，故有比輔之意。

(9) ☴☰ 小畜

彖曰：「小畜，柔得位而上下應之，曰小畜。」象曰：「風行天上，小畜。」小畜，上巽下乾，整個卦僅四爻爲陰爻，陰主收斂，故曰畜，至於爲何以「小」畜稱之，其由在四爻爲陰且上下皆陽，又互卦見兌，兌爲少、爲小，所以名之爲小畜。

(10) ☰☱ 履

彖曰：「履，柔履剛也。」履，上乾下兌，猶如晚輩和悅地追隨長輩之後，亦步亦趨，彬彬有禮於履。履者，理也、禮也，簡言之，即小心翼翼之態。

(11) ☷☰ 泰

彖曰：「泰，小往大來吉亨。」泰，上坤下乾，陰氣下降（往），陽氣上升（

來），故能相交而和合，上下暢通，因而能通泰，故以泰名之。

⑿ ䷋ 否

象曰：「天地不交，否。」否，上乾下坤，陽氣上升（往），陰氣下降（來），陰陽不變，隔塞成痞，故名曰否。否與泰二卦，卦象正好形成相反之勢，各位不妨可逕自參考比較。

⒀ ䷌ 同人

同人，上乾下離，先天乾位而後天離卦，先後同位，故曰同人。雜卦曰：「同人，親人也。」象曰：「天與火，同人。君子以類族辨物。」若以卦象言，二爻柔得位得中且應乎乾，故乃有同人之象也。

⒁ ䷍ 大有

本卦與同人卦上下二卦互調，但同是以柔為主，且居中得位，所不同的是本卦一陰居五位爲尊爲主，且能得五陽爲其所用，故名曰大有。杭辛齋釋曰：「大有亦先後同位，而其立名，不取先後天，而取對卦水地比覆象之地水師，師，眾也，變化不測，精義如神。」彖曰：「大有，柔得尊位大中而上下應之，曰大有。」《序卦傳》云：「與人同者，物必歸焉，故受之以大有。」曹元首《六代論》曰：「夫與人共其樂者，人必憂其憂；與人同其安者，人必極其危。」

本卦之精義，即在於陰爻居尊位，隱喻居上位者，若能持柔和之心來處理對待萬物萬事，則定可得「大有」之利亨之象。

⒂ ䷎ 謙

《序卦傳》曰：「有大者不可以盈，故受之以謙。」謙卦緊承大有卦之後，即說明人生在志得意滿之時，千萬不能驕傲與侈奢，否則必自敗。《書》曰：「謙受益，滿則損。」又老子曰：「既以爲人，己愈有；既以與人，己愈多。」《正義》曰：「謙者，屈躬下物，先人後己，以此待物，則所在皆通。」

若以卦象譬喻，謙卦，上坤下艮，上地下山，且陽爻居於下卦。按照自然現象而言，山自是比地高，但本卦卻以上地下山來成象，故隱喻著一種自謙的美德。因此，以卦象命名亦很明朗是也。

⒃ ䷏ 豫

《序卦傳》云：「有大而能謙，必豫，故受之以豫。」豫者，舒暢、快樂是也，鄭玄曰：「坤，順也；震，動也，順其性而動，莫不樂得其所，故謂之豫。」吾人行道天下，若能得到大衆的認同與肯定，且能自律不驕不侈以謙自處，如此則不論是在身心或是在行爲處事與待人接物上，定能舒暢快樂無比。

⒄ ䷐ 隨

隨者，從也，《序卦傳》云：「豫必有隨，故受之以隨。」隨卦，上兌下震，鄭玄云：「震動兌說，內動以德，外說以言，則天下之人慕其行而隨從之，故謂之隨。」若以卦象而言，李光地云：「卦之上下兩體及兩體之爻畫，皆以剛而下柔，降尊屈貴，忘其賢智以下於人，我能隨物，物必隨我，有隨之義。」

隨卦之義是闡釋跟隨之道，而跟隨人或事，主要著重於態度誠信，且不以私利爲信守，如此才能符合隨之真義。

彖曰：「隨，剛來而下柔，動而說，隨。」

⒅ ䷑ 蠱

蘇軾曰：「器久不用而蟲生謂之蠱。」又伏曼容曰：「蠱惑亂也。」

《序卦傳》云：「以喜隨人者必有事，故受之以蠱。」又《雜卦傳》云：「蠱則飭也。」

蠱卦，上艮下巽，自然現象則可比喻爲山下的風，此風若通暢，則與人清爽舒適之感，若是閉塞不通，則反成爲有害之瘴氣。本卦剛在上則愈剛，柔在下則愈柔，上下不交，終至閉塞敗壞，則蠱遂生焉，故名之爲蠱即是意也。

⒆ ䷒ 臨

《序卦傳》云：「蠱者事也，有事而後可大，故受之以臨。」又韓康伯云：「可大之業，是由事而成，如臨人、臨事、臨其他一切皆是。」

臨者，蒞臨、接近之意。本卦承接於蠱卦之後，即代表著有事或人要發生事情了，因此，我們一定要面對事實來處理解決，千萬不要逃避或隱瞞之。

若以卦象而言，上坤（地）下兌（澤、悅），代表著一種浸進之象，故彖曰：「臨，剛侵而長，說而順，剛中而應，大亨以正，天之道也。」

⒇ ䷓ 觀

《序卦傳》云：「臨者，大也；物大然後可觀，故受之以觀。」又李光地曰：「古人以門闕謂之觀，取其爲人所觀。」然，觀必以目，目有上下之分合，故觀亦可分爲以上觀下，與以下觀上二種情形。

簡單地說，觀者，觀看也，但其觀法卻是要具備看得寬、看得廣且看的中正客觀，否則即落於私心私利而不足採取採信也。

(21) ䷔ 噬嗑

《序卦傳》云：「可觀而後有所合，故受之以噬嗑。」又《雜卦傳》云：「噬嗑，食也。」

噬者，爲食、爲齧，即用牙咬物之意；嗑，爲口之合，即猶口齒之咀嚼，與人之食時相類之義也。簡單地說，噬嗑者，即是將東西用嘴咬住再咀嚼之義。因此，由前之觀卦而論，本卦即在演繹「強人之合」與「心悅之合」之精義，能志同道合，則必合作無間，相得其樂，否則其終必也分也。

本卦內容以獄道來闡釋，實是最佳之描繪是也。

(22) ䷕ 賁

賁即文飾，修飾也。《序卦傳》云：「嗑者合也，物不可以苟合而已，故受之以賁。」本卦上艮下離，內有文明而外爲艮止之象，何楷云：「人情，自質趨文易，由文返質難，聖人畫卦，內文明而外艮止，意深遠矣！」而彖云：「觀乎天文，以察時變；觀乎人文，以化成天下。」

因此，本卦緊接於噬嗑之後，即告訴我們有了食必也須使行禮，亦即行文明之道，如此治平天下定然垂手可得。孔子曰：「不學禮，無以立。」又曰：「言之不文，行之不遠。」《論語》曰：「禮云禮云，玉帛云乎哉！」「言不忠信？……離州里行乎哉！」即是最佳之釋義。

㉓ ䷖ 剝

《說文》：「剝，裂也。」《雜卦傳》云：「剝，爛也。」本卦卦體五陰一陽，一陽孤立，勢必被剝落殆盡，故稱「剝卦」。

《序卦傳》云：「賁者飾也，致飾然後亨則盡矣，故受之以剝。」剝，上艮下坤，有如山下的基石泥土被挖空，終必剝落之象，故命名之。

本卦緊接賁卦之後，存在著天時往來之數，與萬物興廢之現，賁之終，即剝之初；飾之極，即剝之始。簡單地說，天地間之萬事萬物，若僅一味講究外表的裝飾，那實體可能就會慢慢地變質變爛了，這是致飾之過是也。

(24) ䷗ 復

《序卦傳》云：「物不可終盡，剝窮上反下，故受之以復。」何安云：「復者，歸本之名，群陰剝陽至於幾盡，一陽來下，故稱反復。陽氣復反而得亨通，故云復亨。」

所謂剝極則復，物極必反，一陽居於眾陰之下，是爲復反之象，故以之命名。

(25) ䷘ 無妄

《序卦傳》云：「復則不妄矣，故受之以無妄。」亦即不論人事物一經改過復善，自然事事合理不至妄爲。

無者，無也；妄者，妄爲、妄想、妄念，無妄亦即實實在在，剛健篤實之意。

(26) ䷙ 大畜

《序卦傳》云：「有無妄然後可畜，故受之以大畜。」即在無妄之後，所有的人事物均爲眞實篤實，一步一腳印的實際去做，因此才能開始聚養致富。

之所以名「大」畜，李道平釋曰：「乾爲天命，震以動之爲無妄。中庸言天命之謂性是也，乾爲天德，艮以止之爲大畜；大學謂明德止於至善是也，率性而行，則至善可止。大畜所以繼無妄也。」

若以卦象言，艮爲陽男，以陽畜陽謂大；巽爲陰女，以陰畜陽謂小。

㉗ ䷚ 頤

《說文》云：「頤，頷也。」但若論其義則甚爲廣泛如養生，養身、養德、養氣、養神、養性、養民、養體均可論之。

《序卦傳》云：「物畜然後可養，故受之以頤。」由前大畜卦可得知，是爲畜聚致富，而物既能蓄聚，則必能得到相當周全的養育，因此，頤卦繼大畜卦之後緣由即在此。《程傳》釋義曰：「上艮下震，上下二陽，中含四陰，上止下動，外實中虛，如人頤頷之象。」

⑵⑻ ䷛ 大過

《序卦傳》云：「不養則不可動，故受之以大過。」《雜卦傳》云：「大過顛也。」

過者，即超過中庸是也；而陽過乎中者，便成大過。本卦中有四陽，上下為陰不勝其重，如棟橈則屋壞，本末弱也，故曰大過。

其實本卦之精義，即在開示人必先求無過，若不幸有過，則必求改之，否則變成大過而一發不可收拾也。

⑵⑼ ䷜ 習坎（重坎）

習者，再次、重複也。坎本卦為三畫卦為二陰一陽，重之則為四陰二陽。

《序卦傳》云：「物不可以終過，故受之以坎。」

王弼註曰：「坎，險陷之名也。」樊光曰：「坎，水也。水性平，律亦平，銓亦平。」因此，本卦之義即是示人如何於坎險中來訓練自己，如此才能真正得到真實且平安的人生。故《象辭》曰：「君子以常德行，習教事。」

(30) ䷝ 離

《說文》云：「離，黃倉庚也，短尾鳥，今稱黃鸝，借用爲離。」《序卦傳》云：「坎者陷也，陷必有所麗，故受之以離，離者麗也。」《雜卦傳》云：「離上而坎下也。」坎卦與離卦之卦爻恰成相對之位，故離卦緊接坎卦之後，即在習教之後，吾人不但要日新又新，而且還要在明明德，此即二離相重，明之又明之釋義。

(31) ䷞ 咸

鄭玄云：「咸，感也。」《序卦傳》云：「有天地然後有萬物，有萬物然後有男女，有男女然後有夫婦，有夫婦然後有父子，有父子然後有君臣，有君臣然後有上下，有上下然後禮義有所錯。男女之道，不能無感也，故受之以咸。」

上經始於乾坤，言天地造化之理；下經則由咸恆二卦起，言人倫之常。蘇軾云：「男女者，坎與離也；夫妻者，咸與恆也。」艮爲少男，兌爲少女，山澤通氣而有感應，故曰咸。

《程傳》云：「天地萬物之本，夫婦人倫之始。上經所以首乾坤，下經所以始咸恆，天地二物，故二卦分爲天地之道，男女交合而成夫婦，故咸恆合爲夫婦之義。」胡炳文亦釋曰：「上經首乾，氣化之始，而曰品物流行；下經首咸，形化之始，而曰二氣感應。氣與形固未嘗相離，上經首乾，彖傳言性，下經首咸，彖傳言情，學易者於此當有所悟。」

(32) ䷟ 恆

艮爲少男，兌爲少女，少男少女初識互有好感，故以咸名之。震爲長男，巽爲長女，長男長女無論於身心思想上皆臻成熟，故可言及婚嫁自組家庭。恆者，長遠也。

《序卦傳》云：「咸者，感也，相感則爲夫婦，夫婦之道，不可不久也，故受之以恆。」

另恆卦爲上震下巽，震爲長男，巽爲長女，故亦開示夫婦之道矣！

此卦對於時下所謂「結婚爲戀愛的墳墓」也做了一個很精闢的見解，那就是男女婚配之道必須以咸恆之角度爲之，如此即可達到夫唱婦隨，陰陽諧和，百年永恆不變的理想境界。

⑶ ☶☰ 遯

《序卦傳》云：「恆者，久也。物不可以久居其所，故受之以遯。」遯者，逃避、隱遁是也。杭辛齋云：「遯與大畜相對，一進一退，同爲西北入無之方，大畜爲世間法，而遯爲出世法，乾天艮門，戌亥空亡，故曰遯入空門，卦象及卦數，皆與佛經合。神哉易之廣大悉備，宇宙之內，無一能外之。」

遯卦緊接恆卦之後，即在告訴眾人萬事萬物是沒有長久一成不變的現象，凡事適可而止，甚至要有急流湧退的道理與前瞻性，否則到頭來所得到的僅是一場泡沫煙硝而已。

然而，物極必反，屈極必伸，盛衰必爲相循，因此於遯卦之後，繼之以大壯卦。

(34) ䷡ 大壯

《序卦傳》云：「遯者，退也，物不可以終遯，故受之以大壯。」卦體四陽盛長，陽爲大，大者，壯也。

大壯卦緊接著遯卦之後，即有著因遯而得以強盛壯大，但在強盛大壯後，仍不可因此而驕傲自滿，還必須要不斷地自我精進與成長，所以繼之以晉卦闡釋。

(35) ䷢ 晉

《說文》：「晋作晉，從日從臸，云進也。」何楷云：「卦所以名晉，不名進者，蓋晉之義，不特以進爲進，而必以明爲進。」

《序卦傳》云：「物不可以終壯，故受之以晉。」簡言之，即告知若僅一味不斷地進升邁前，知進而不知退，則必有樹大招風，鋒芒太露易遭傷害之慮，所以象曰：「明出地上，晉。君子以自昭明德。」《雜卦傳》云：「晉，晝也。」猶天之晝，大地同光明也。

(36) ䷣ 明夷

晉卦爲上離下坤，明夷卦爲上坤下離。火在地上爲明、爲晉；火在地下爲滅、爲傷，故《雜卦傳》云：「明夷，誅也。」

《序卦傳》云：「晉者，進也，進必有所傷，故受之以明夷。」從卦體而言，離日已沒入坤土之下，有象光輝所掩，明德遭誹謗，故曰明夷。

(37) ䷤ 家人

《爾雅》云：「室內謂之家。」楊時云：「家人者，治家之道。」家人卦緊接著明夷卦之後，就宛如一個人在卦受到了委曲傷害，最直覺的反應即是返回溫暖的家，以求療傷保護與安慰。

《序卦傳》云：「夷者，傷也。傷於外者，必反於家，故受之以家人。」《雜卦傳》云：「家人，內也。」

另外卦象上巽下離來看，有薰風之象，可見風化之潛移改變，應從家人做起。

所以古言：「父父、子子、兄兄、弟弟、夫夫、婦婦，而家道正，正家而天下定矣。」

(38) ䷥ 睽

《說文》：「從目癸聲，目不相視也。」鄭玄云：「睽，乖也。火欲上，澤欲下，猶人同居而志異，故謂之睽。」《雜卦傳》云：「睽，外也；家人，內也。」《序卦傳》云：「家道窮必乖，故受之以睽。」若以卦象言，離中女兌女少二女同居而異其趣，剛柔分離，雜處而不相能，是爲睽之象，與家人恰好相反。所以，家人，固然是溫暖和諧的，但若逢家道中落或發生變故，則家中頓失其溫暖與諧和氣氛，如此手足骨肉間亦必有分離或不睦之象。故將睽卦緊接於家人卦之後，實有著極深遠的教育與警惕作用。

(39) ䷦ 蹇

《說文》：「蹇，跛也。」何楷云：「爲卦坎上艮下，有險在前止而不進，似跛者之艱於行，故名蹇。」

《序卦傳》云：「睽者乖也，乖必有難，故受之以蹇。」彖言：「蹇，難也。」若以卦象言，上坎下艮，即如險在前，而見險能止，不昧然輕往，有觀變待機之象。這就宛如吾人在經歷挫敗或禍亂之後，一定會痛定思痛，檢討得失之因，進而能從中東山再起，達到成功的目標。

⑽ ䷧ 解

《序卦傳》云：「蹇者，難也，物不可以終離，故受之以解。」蹇，是難之方興；解，是難之方散。所以於痛定思痛與檢討失敗之因後，必然事情有了轉機，有了解決之道。然而若是忘了前車之鑑的教訓而志得意滿，目空一切，則必然會再從中發生錯誤而遭逢損失，故解卦之後，繼之以損卦即爲此意。

⒁ ䷨ 損

《說文》：「從手員聲，減也。」蘇軾釋云：「自陽爲陰謂之損；自陰爲陽謂之益。兌本乾也，受坤之施而爲兌，則損下也；艮本坤也，受乾之施而爲艮，則益上也。」

《序卦傳》云：「解者，緩也；緩必有所失，故受之以損。」損卦之所以緊接於解卦之後，即是在昭示吾人凡事必須謹慎爲之，若是有所疏緩一定會有損失，當然，若是能記取吃虧或失敗的教訓，而發憤圖強，則日後必有所增益，因此損卦之後，繼之以益卦即是意也。

(42) ䷩ 益

《說文》：「益，饒也。字象注水在器皿而益。」本卦與損卦間之想像空間如次。《易大傳》云：「損，德之修也；益，德之裕也。」又云：「損先難而後易，益長裕而不設。」又云：「損以遠害，益以興利。」故《雜卦傳》綜釋義曰：「損益，盛衰之始也。」

《序卦傳》云：「損而不已必益，故受之以益。」益者，增加、受益、盈滿是也。損極必益，自然之道也，而益極必也要有所節制、約束，否則必定會有一發不可收拾的不良後果，所以益卦之後，繼之以夬卦即由此而來。

⑷3 ䷪ 夬

說文：「夫，分決也。」《周易析中》云：「澤上于天，所謂稽天之侵，必潰決無疑。」依卦象言，五陰一陽是爲剝，而五陽一陰則爲決。剝者，剝削也。恣意而行，不講道理；決者，表決、決定也，是經過眾人之議而裁決。

《序卦傳》云：「益而不已必決，故受之以夬。」彖辭云：「夬，決也。」故本卦是用眾君子（五陽）來決一小人（一陰）之象，來闡釋「除惡務盡」之意。當然，此卦主要重點是在開示眾人，若想剷除惡勢力、壞份子，大家必須同心協力，團結一致，如此才能共商淑世濟民的大事，因此，緊接於本卦之後而排列姤卦，即是最佳的釋例。

⑷4 ䷫ 姤

姤者，邂姤、相遇也。一陰生於五陽之下，代表著一種不良氣數的滋生，故本卦隱喻著「防範於微」之意。

《序卦傳》云：「夬，決也，決必有所遇，故受之以姤。」夬是決定、決判也，做舉凡要決判一件事或物，其中必有贊成與不贊成的二面，當然亦必牽扯到利益掛勾的黑暗面，因此，王弼《蛾術篇》亦曰：「姤者，遘，媾也。」就遘而言，是好的，是有德之士相遇而會聚一堂共商大事；但若以媾而言，就是不好了，如不貞之婦，不忠之臣也。

(45) ䷬ 萃

《說文》：「艸貌，如艸之聚。」彖辭云：「萃，聚也。」下坤爲柔順，上兌爲愉悅，故有內順外悅之徵象。

《序卦傳》云：「姤者遇也，物相遇而後聚，故受之以萃。」即謂物之相會遇，一旦志趣相投必然會有聚集成群之象，這就是一般所謂的「物以類聚」是也。徐子與曰：「天地萬物，高下散殊，咸則見其情之通，恆則見其情之久，萃則見其情之同。」一筒中意境殊堪深自體悟。

(46) ䷭ 升

《序卦傳》云：「萃者聚也，聚而上者謂之升，故受之以升。」升卦是接著萃卦而設，意即有了志趣相投的人共聚在一起，就必須得相互砥礪，見賢思齊而求得事業上的進級與發展，但由於升有著漸進而升之意，所以絕不能以投機或取巧的方式爲之，否則亦易招致破敗或遭忌之徵象。所以升卦之後，繼之以困卦，即是最佳的警示作用。

(47) ䷮ 困

字象木在口中，四面不能通達，窮悴也。鄭玄曰：「坎爲月，互體離，離爲日，兑爲暗昧，日所入也，今上揜日月之明，猶君子處亂代爲小人所不容，故謂之困。」

《序卦傳》云：「升而不已必困，故受之以困。」這是說一般世人均有著高遠卓大的目標理想在奮鬥，如果一旦達到且得名得利，就容易遭到他人的妒忌或攻擊，因此，於奮鬥的過程而言，所會遭遇到的困難與阻礙一定就愈多，所以「升而不已，必困」即為所由。

⑷⑻ ䷯ 井

井字四正四方、有條不紊，是一種規範與有所守之意象，再者，井又為古代民生之所需，故亦蘊涵著為養而不窮之道。彖曰：「井，養而不窮也。」《易大傳》曰：「井，德之地也。」又曰：「困以寡怨，井以辨義。」

《序卦傳》云：「困乎上者必反下，故受之以井。」亦即在遭受困難或險阻而無法有所作為時，由於「井」之辨義與積德深厚之根基，故而能得以解困通行。這層道理就猶如《大學》中所記載的一段話：「安而後能慮，慮而後能得。」

然而，井水雖然能養民，但若積久不清，反而會成為一團污臭的水，因此井卦之後，繼之以革卦排列。

⑷⑼ ䷰ 革

《說文》：「獸皮治去其毛。」古代取禽獸之毛皮能代換，俗稱改革。因此，革者有變革、改造、維新、改變之義。《雜卦傳》云：「革，去故也。」

革卦，上澤下火，火燃則水滅，水決則火滅，有著水火不相容之意象，因此，勢必要有所改革方能有所作爲。

《序卦傳》云：「井道不可不革，故受之以革。」然而，革之道必須要「順乎天理，應乎人情，適乎世界之潮流，合乎人群之需要。」否則，僅是將事物變了，卻沒有改進，這不過是一件變動而已，與革道之精義就完全地背道而馳，「除舊佈新」、「日新又新」才是真正的改革維新之道。

⑸⓪ ䷱ 鼎

《說文》：「三足兩耳，和五味之寶器。」從爻象來看，初爲足，三三四爲腹，五中虛爲耳，上爲鉉（註：扛鼎的器具）；足以承，腹以實，耳以行，鉉以舉，其形成鼎。邱富國云：「以鼎繼革，所以示變革之後，當端重以守之，其旨微矣。」

《序卦傳》云：「革物者，莫若鼎，故受之以鼎。」《雜卦傳》云：「革，去故也；鼎，取新也。」《易經證釋》云：「鼎之功用，不可量也。夏禹鑄九鼎，以昭示天下，天下遂歸夏，而世傳之。湯武革命，遷鼎建國，以開基業，天下服之，皆視鼎之所在，為社稷之保，宗廟之尊。得之者，君臨四海；失之者，放逐誅夷，以鼎能養民也。」故，將鼎卦繼之以革卦之後，即是在加重革新，取新，日新又新之精義。

(51) ䷲ 震

震卦上下皆震，代表著一種相繼接踵而來的震動，然而，為何不名動，而以震為名，李光地云：「氣之初動，有驚懼奮發之意，人心亦如之，震之義也。震之驚懼，是法乾之惕，震之奮發，是法乾之健，惕則無咎，健可致福。」其實，若用簡單地比喻，名動者，其力量輕微，不足以盡闡震之含義，而震之動，是為一種翻天覆地的動，如地震，古書云：「震驚徐方，如雷如霆，徐方震驚。」

又《易經證釋》一書中更有明確的釋義曰：「震，動也，作也，又驚也。字從雨乃雲之省。下為辰，雖諧聲，亦會意。以震為雷，亦包眾形，則陽氣洩於太空，行於雲中，其象如古回字，故名雷，即震也。震乃雷之用，雷見必震，雷鳴必動，不獨氣之動。凡物皆隨之動，此所以能動作萬物，而皆升起也。」《序卦傳》云：「主器者，莫若長子，故受之以震。」古時候，長子均負有傳承香火之重任，而文中之器者，即為鼎之意，震為長男，故震之相繼接踵意象即由此而來。

(52) ☶☶ 艮

《雜卦傳》云：「震，起也；艮，止也。」艮卦上下皆艮，卦象明取兩山相連之義，實則寓喻巍然獨立，超越拔萃且卓爾不移的高風亮節之情操德性。

《序卦傳》云：「物不可以終動，止之，故受之以艮。」凡物無常動之理，動中有靜，靜中有動，動靜相間替，所以震卦之後，繼之以艮即是此理。本義曰：「時止而止，止也，時行而行，亦止也。」不就是最佳之描繪嗎?!

(53) ☴☶ 漸

從卦象來看，上巽下艮，山上有木，逐漸而高，故以「漸」為卦名，其用意即在凸顯一種徐徐漸進之徵象。

《序卦傳》云：「艮者，止也。物不可終止，故受之以漸。」

漸卦開示人生的道理，即在於凡事都必須依循正軌，按部就班地去實踐力行，千萬不可一蹴而幾，所謂「羅馬不是一天所造成的」，否則即會有不可測之危險或失敗。

(54) ䷵ 歸妹

由卦象看，兌爲少女，歸於震男，上動下悅，是爲天地正配之大義。惠士奇曰：「彖言歸妹，天地之大義，人之終始，先儒謂卦中互見坎離，坎月離日陰陽之義配日月。」其實，天道如此，而人道又是何嘗不是如此？

《序卦傳》云：「漸者，進也。進必有所歸，故受之以歸妹。」簡言之，歸妹即爲女之出嫁是也。

⑸⑸ ䷶ 豐

豐者，豐富也，豐盛也。卦象上震為雷，下離為日，為火、為電，上下合之，有雷電相加，其聲勢壯大彌佈，故名為豐。《彖辭》云：「豐，大也，明以動。」《序卦傳》云：「得其所歸者，必大，故受之以豐。」簡言之，不論任何事物若是聚集在一起，就會變成很盛大眾多的意象，故《周易》以豐卦，繼之以歸妹卦即是此意義。

⑸⑹ ䷷ 旅

孔疏：「旅者，客寄之名，失其本居而寄他方謂之旅。」若以卦象言之，上離下艮，火在山上延燒而不停留，此象猶如行旅之人，四處流浪居無定所。

《序卦傳》云：「窮大者必失其居，做受之以旅。」其義即在開示眾人豐盛富足的狀態是無法維持永久的，唯有在福禍倚伏與生死輪迴（即旅的演繹引申之義）的道理中，或是恢復已失去的豐，或是再創未來的豐，故卦辭有云：「旅貞吉。」

(57) ☴ 巽

巽者，為風，為伏入，為謙卑。卦體上下皆巽，是為一種深入、滲透但卻和順之意象。

《序卦傳》云：「旅而無所容，故受之以巽，巽者入也。」在外羈旅，居無定所，沒有親明好友可見容，故非以和順謙遜的態度以待人，否則定然四處碰壁受阻，所以將巽卦繼以旅卦之後，主要就是在教導開示吾人如何順合時宜，權衡行事，以及因勢利導，當機立斷之道理。

(58) ☱ 兌

兌者，快樂、歡悅之意。《序卦傳》云：「巽者入也，入而後悅之，故受之以兌。」另，兌亦合稱的「兌換」，故也具有新舊交替，讓與受之意。

因此，物能相聚融入則相互喜悅，也因為能相互喜悅而相聚融入，但卻要是發自一種公正道德的標準，而不是一種虛偽、取巧或狹隘，或是逞一時之快的喜悅、歡悅。故彖辭曰：「順乎天而應乎人。」即指此意。

(59) ䷺ 渙

《說文》：「渙，流散也。」《序卦傳》云：「兌者說也，說而後散之，故受之以渙。」爲何喜悅高興了以後就消散、流散了呢？這好像有點牛頭不對馬尾，前後不一的徵象？

其實不然，我們一個人若是碰上憂愁煩惱之事，心中之氣一定會呈現結聚不疏暢之象，但若憂愁之事一旦得以解除，此際必定心情輕鬆，氣通百脈而不會受阻礙，所以兌卦之後以渙卦繼之，即是在描繪一種氣勢的疏導流通情形，然而，俗云：「人無近憂，必有遠慮。」天地間之事物均不可以散漫太過，應適度且要有節制，所以渙卦之後，繼之以節卦，即是有種警示作用。

(60) ䷻ 節

節者，有限度而不可踰越之意。《序卦傳》云：「渙者，離也。物不可以終離，故受之以節。」這就宛如水庫蓄水一樣，水滿了就不可再繼續容納，必須要有所節制，否則一定會有氾濫成災之現象。故象辭亦以天道之象釋義曰：「天地節，而四時成；節以制度，不傷財，不害民。」因此，節卦之道，實可作為上位者謀國治理之用，至於社會大眾之行為處事，亦應以節道作為最高指導之原則。

(61) ䷼ 中孚

中孚者，信實不虛，同心同德之義也。《說文》：「孚，從小從子。」徐鍇云：「鳥孚卵，懷於中，皆如期，不失信。」若以卦體而言，杭辛齋云：「中孚亦先後天同位卦，孚者同也。中者巽五兌十，五十居中，故曰中孚。」

《序卦傳》云：「節而信之，故受之以中孚。」意即凡事物有了節制必然不會踰越不得體，這就是因為內心中有了誠信之道，在上位者能信守，且下能順從之，如此則必上下同心同德、相親相愛，這就是中孚誠信之最佳釋義。

⑹ ䷽ 小過

本卦與大過卦之所以有大小之別，主要在於陰陽之道，陰陽平均是爲中庸，陽爲大，陰爲小，陽過乎中稱大過，陰過乎中即稱小過是也。

《序卦傳》云：「有其信者必行之，故受之以小過。」《雜卦傳》云：「小過，過也。」

當吾人將誠信的德性建立起來後，於行爲處事上，一定能果決且有過人之處，當然其中亦必有小瑕疵、小過錯，因此，若能抱持著「朝乾夕惕」的心境，以及奮發勤勉，持之以恆地向目標理想邁進，其成功自是不待而言。是故小過卦之後，繼之以既濟卦，即是此意象。

⒀ ䷾ 既濟

《爾雅》云：「濟，渡也，通也。」《說文》：「食熟氣也。」若以卦象言，上坎爲水，下離爲火，是水火相交，相需相成，相互協調之象，故曰既濟。

《序卦傳》云：「有過物者必濟，故受之以既濟。」既濟是爲一圓滿之象，然天地間虛盈消長之道是循環不已的，物不可窮，理不可盡，物極則必反，故象曰：「思患而豫防。」此思是慮其後，而豫則是防之先，所以，爲了使天地循環之理得以正常運作，爲了使萬事萬物有所生機之道，故於既濟卦之後，繼之以未濟卦而得以達到易道之真諦。

(64) ䷿ 未濟

未濟卦是整部《易經》境界與蘊義最高的一個卦，如果缺少了它，整部《易經》所倡言的氣數將無從疏暢流通，當然更甭說要解釋天體運行之道，以及人倫五常之道。

《尚書洪範》曰：「火曰炎上，水曰潤下。」氣數一上一下，其性又相反，故離居同一卦體之中，終就無所功用。《序卦傳》云：「物不可窮也，故受之以未濟終焉。」未濟者，即未窮盡之意，簡言之，即天地間之事事物物隨時都在變化，且爲周而復始，循環不已的，因此，未濟卦置於六十四卦之末，實有著其最深遠精奧的意義存在。

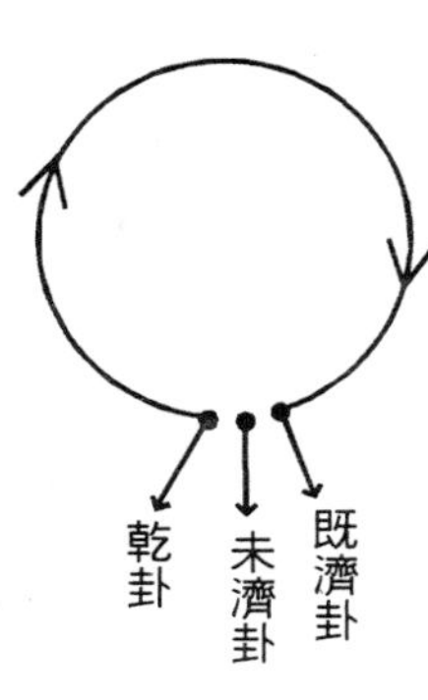

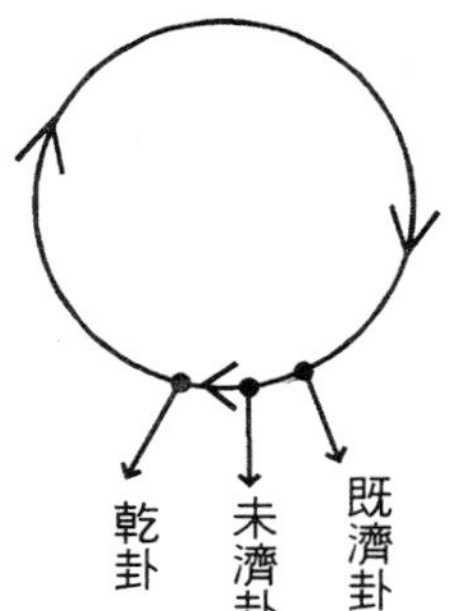

四、結語

簡單但卻不失其真義地將八八六十四卦之結合與名命介紹敘述，相信各位對於《易經》之理應該能有所體會與領悟。

《易經》分為上、下二經，上經以乾坤二卦為始，而定位天地，然後萬物有所始生焉。下經以男女之道來闡述人文倫常與處世之道，在這其間，卦卦相牽連，環環相結扣，而終至一氣呵成，且疏暢順通無比。

當然，由於本書並非專論，因此於內容上，可能無法滿足想要精研深究的讀者，在此亦先向您說聲抱歉，如若日後有緣，筆者一定將研習心得公開，以提供有心研習者之參考。

第六章（91～120分鐘）《易經》實務演練應用

在漫長的教課過程中（五術課程），總聽到學員說：「老師，有什麼辦法或秘笈能使研習的時間縮短，而將論斷的準驗度提高？」

人同此心，心同此理，恁誰都想有此一舉雙得的收穫，可是，我給他們的答案卻總是：「先將易理弄清楚了，五術中的任何一科目，均可駕輕就熟地去研習探討。」

其實，「速食」文化自從傾銷入國內後，不只是五術的研習受到衝擊，相信各行各業都或多或少受其波及，尤其是具有技術傳承性的行業，更是明顯。

經常我們會以「不學走，就想學跑。」來訓誡人們的不切實際，其實這就是「本固而道生」的現代版演繹，也的確，若是不將「本」的基礎穩固健實，又何來日後接受挑戰的本錢，這就宛如一棵連根都不紮實深固的樹木，一旦遇上暴風雨的侵襲，它還會有明天可言嗎？

五術——山、醫、命、相、卜，均源自於《易經》，這是眾所周知的事實，可是有很多看過《易經》這本書的人都有著一個相同的疑問：《易經》的內容中壓根就沒有什麼山、醫、命、相、卜，爲何自古以來，大家卻言之鑿鑿、信誓旦旦呢？

其實，這其中的原委不過是在告訴你——要從《易經》中找尋。至於是在找尋什麼呢？那就是《易經》中所闡釋的理念，而並非是《易經》中有記載五術的課程科目。

風水學是五術中的一門科目，它在《易經》中是否能找到記載的秘笈或訣竅？有，當然有，而這還寫的非常清楚，它就是「風水渙卦」。在自然的環境中，平原之地，無水則四面皆風，有水則八風平息和爽，這就是風與水的自然互動定律。對人類而言，研究風水學的主要目的，就是在於如何來創造一個舒適且安詳的優質環境條件，而《易經》中的「風水渙卦」，正好提供了人類一個如何來「藏風聚氣」的好方法。

當然，其它還有許多許多卦例，如教導吾人解決爭訟之道的「天水訟卦」，如人類要如何地自求多福，請看「山雷頤卦」，如描繪男女情愛追求的「澤山咸卦」等等。

由以上之諸例，我們即可瞭解且證明一件事，《易經》不僅僅《易經》而已，它所能付諸於應用的範圍與空間，實在是廣泛無涯，也因爲它具備了此超能力的蘊藏能量，所以它不但能超脫時空的限制，且能歷久彌新、日新又新地盡展其令人著迷的魄力。

所謂「光說不練」是無法使人信服的，「老王賣瓜、自賣自誇。」也得先具備瓜甜香嫩可口的條件。接下來，筆者即將昔日爲人以卦占卜的實用案件彙集整理，並分別編述如後，主要的目的，就是讓各位讀者諸君共同來印證一下《易經》的實用性與廣泛性。

一、問個性（識人）

例一：來問者民國五十一年三月二十日午時生。

解：卜得之卦爲上下卦皆離之重離卦，變三爻。

如圖示：

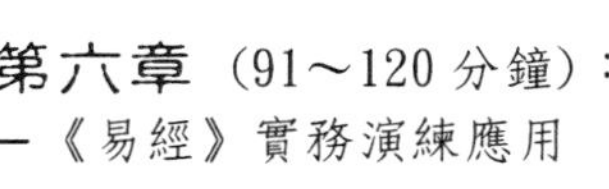

離　×

⇐ 噬嗑

⇓ 互卦

大過

依卦象言，其人個性外強中乾，重外表、愛排場，虛華不實際，因此，每每有患得患失而終遭大禍之徵象。曾受過牢獄之刑罰，現今較為實在了。

例二：來問者民國四十二年五月二十七日酉時生，問合夥人之個性如何？

解：卜得之卦為上兌下巽之「澤風大過卦」，變三爻。

如圖示：

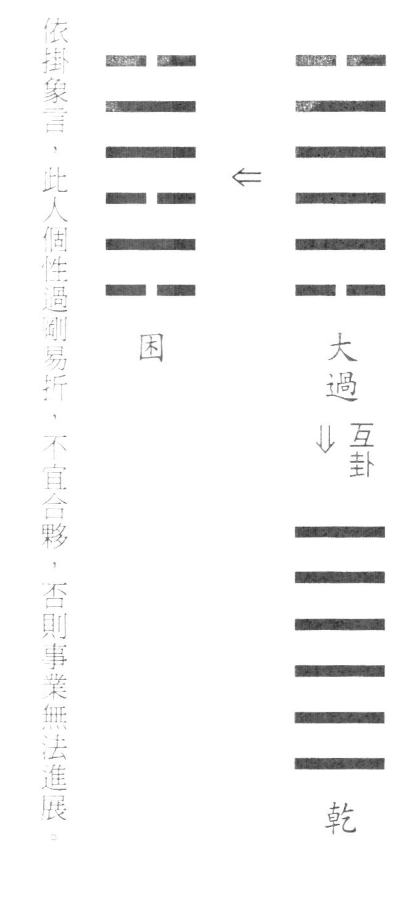

依掛象言，此人個性過剛易折，不宜合夥，否則事業無法進展。

二、問出外

例三：來問者民國五十七年十月六日申時生，問今年外出遠行是否合宜？

解：卜得之卦爲上兌下乾之「澤天夬卦」，上爻變。

如圖示：

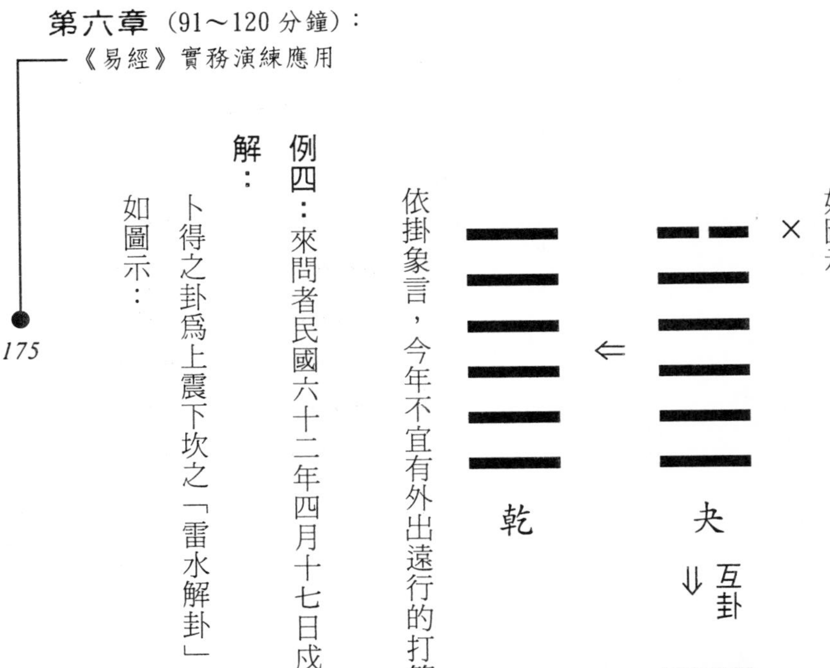

依掛象言，今年不宜有外出遠行的打算，否則易遭意外之災禍。

例四：來問者民國六十二年四月十七日戌時生，問今年七月想去大陸是否合宜？

解：

卜得之卦爲上震下坎之「雷水解卦」，變五爻。

如圖示：

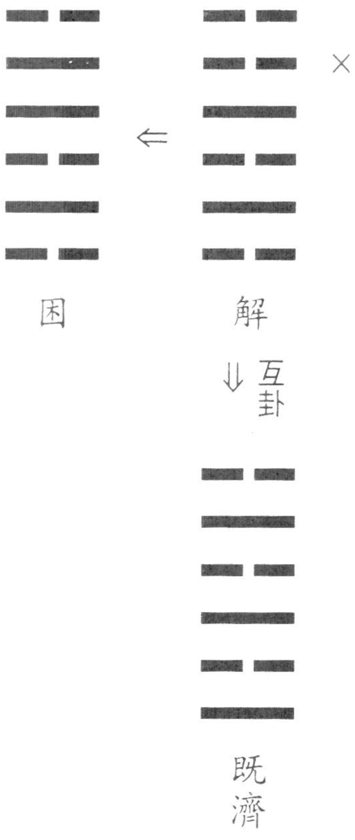

解 ⇓ 互卦 既濟

⇐ 困

原則上可行，但預定月份最好提前，否則會因臨時發生狀況耽誤而無法成行。

例五：來問者民國六十年九月二日亥時生，問出國發展是否合宜？

解：卜得之卦爲上乾下震之「天雷無妄卦」，變二爻。

如圖示：

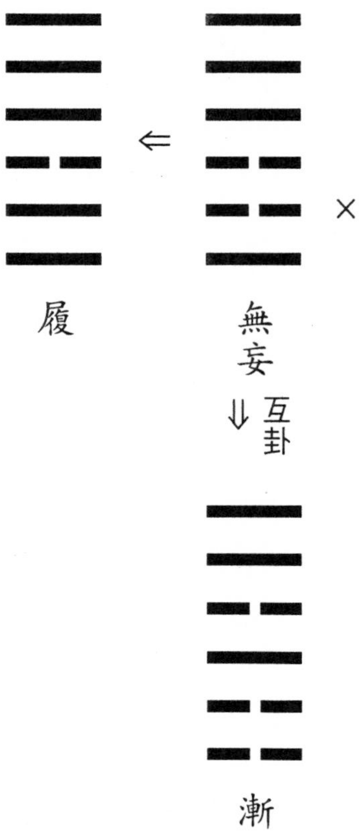

× 無妄 ⇐ 履

⇓ 互卦

漸

依卦象言，可以出國發展，但可能於初期時會較爲艱辛，所以還盼做好萬全準備，始可成行。

三、問愛情

例六：來問者男民國五十一年十月二十八日戌時生，問何時會有愛情？

解：

卜得之卦為上兌下離之「澤火革卦」，變四爻。

如圖示：

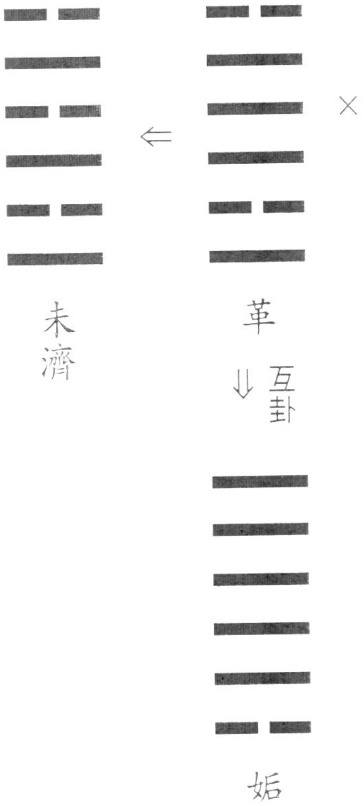

革 ×

⇓ 互卦

姤

⇐

未濟

依卦象言，來問者應該剛剛才結束一段感情吧！（的確），不用擔心，緊接著另一段感情會立即到來。

例七：來問者女民國五十五年三月二十日子時生，問與現任男友感情發展是否能結果？

解：

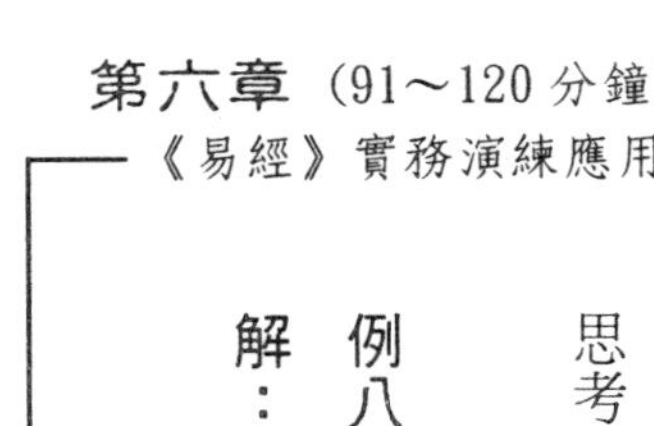

卜得之卦爲上離下艮之「火山旅卦」，變二爻。

如圖示：

×

旅 ⇐ 鼎

⇓互卦

大過

依卦象言，目前雙方感情不定，且已有第三者之介入，最好能冷靜仔細的斟酌思考，否則後果不盡理想。

例八：來問者男民國七十二年八月十五日寅時生，問戀愛有無結果。

解：

卜得之卦爲上坤下坤之「重坤卦」，變三爻。

如圖示：

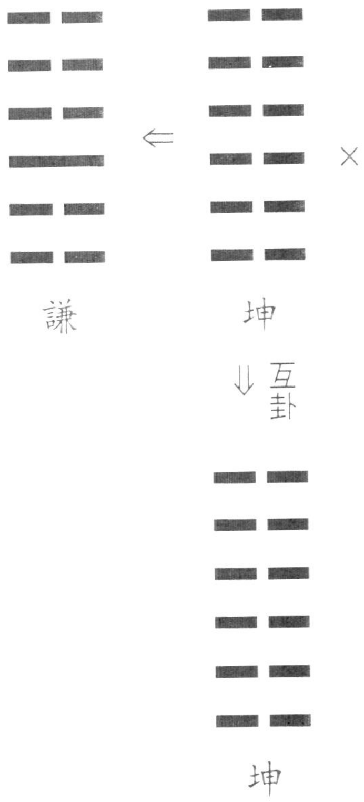

×

坤

⇓ 互卦

坤

⇐

謙

依卦象言，此椿戀情應該沒有問題，很順利會有好的結果，只不過請心情放開朗些，不要疑東疑西。

四、問婚姻

例九：來問者女民國四十七年五月二十八日寅時生，問婚姻緣何時到來？

解：卜得之卦爲上巽下艮之「風山漸卦」，變四爻。

如圖示：

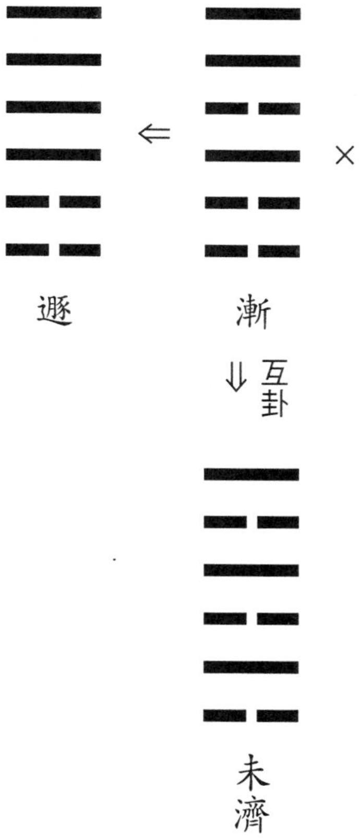

×

漸 ⇒ 遯

⇓ 互卦

未濟

依卦象言，妳的婚姻緣很是薄弱，而且問題還是出在妳自己本身，尤其是心理上的因素尤甚。最好能先解開妳心理上的癥結，否則可能一生婚姻無望。

例十：來問者男民國七十一年十一月二十二日午時生，問婚姻運如何？

解：

卜得之卦爲上離下艮之「火山旅外」，變四爻。

如圖示：

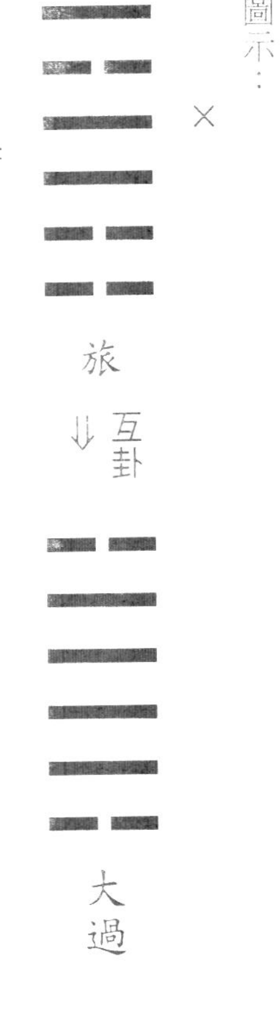

依卦象言，只要你將心安定下來，相信你的婚姻運自然順利，且能娶到一位好的賢內助，否則一切都是侈言。

例十一：來問者女民國六十八年十二月五日申時生，問婚姻是否還能維持下去？

解：

卜得之卦爲上震下震之「重震卦」，變五爻。

如圖示：

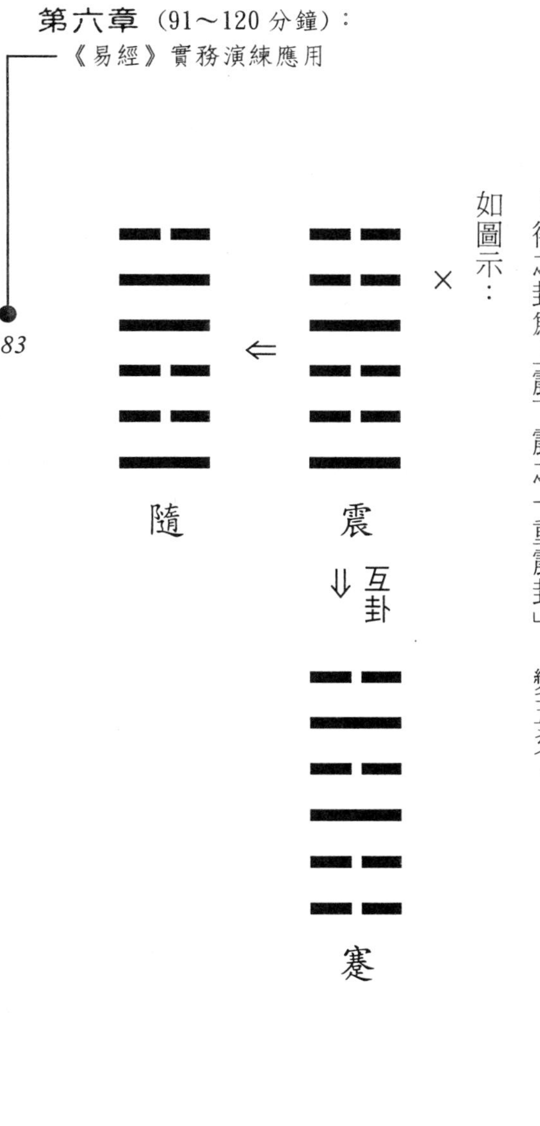

依卦象言，婚姻的確是起了問題，而且還經常有爭吵之現象，這其中之關鍵要因，即在於溝通不良，因此，只要雙方能平心靜氣地坐下來協調談談，相信這樁婚姻將會有一個很圓滿的結局。

例十二：來問者女民國四十一年二月八日辰時生，目前與先生不住在一起，問是否有破鏡重圓的機會？

解：卜得之卦為上兌下乾之「澤天夬卦」，變二爻。

如圖示：

䷪ ×（二爻）

夬

⇓ 互卦

䷀

乾

大過

依卦象言，變卦在乾含剋巽木，所以希望似乎很微渺，更再加上互卦中乾金比和，因此，還希望能慢慢地求改善，畢竟是夫妻一場，再怎麼地鐵石心腸也抵不過柔情的融化，不是嗎？

例十三：來問者男民國六十九年十一月二十一日酉時生，問用相親方式是否能找到一位好的終身伴侶？

解：

卜得之卦爲上離下巽之「火風鼎卦」，變三爻。

如圖示：

依卦象言，大致僅能以「時機未到」四字奉告，另有一言「千萬不要操之過急，而妄下決定。」

例十四：來問者女民國七十二年七月十四日卯時生，問最近向她求婚的男子，是否能作為終身的依靠？

解：

卜得之卦為上艮下乾之「山天大畜卦」，變二爻。

如圖示：

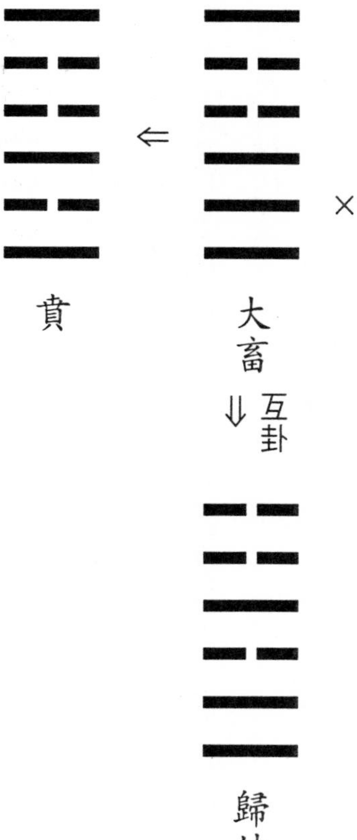

大畜 ⇒ 互卦 ⇓ 賁
歸妹

依卦象言，此位男子是可終身託付的對象，而且個性穩重明理。然而，儘管卦象是如此的顯現，但婚姻大事終非兒戲，故還盼能慎重地再加以觀察考驗。

五、問身體健康狀況

例十五：來問者男民國三十五年七月十五日子時生，最近由於工作過於操勞忙碌，所以總覺得精神恍惚且不濟，故特前來問卜身體健康狀況：

解：

卜得之卦爲上艮下離之「山火賁卦」，變三爻。

如圖示：

依卦象言，變卦在離，在內卦，爲火，故可斷爲虛火太旺而導致精神恍惚且不濟之現象，但若能即時就醫診治且多加地保養，相信不用多久，即可康健如昔。

（註：有關身體的健康狀況，最好是求教於醫生才是上策，至於求卜問卦，筆者認爲僅能作爲參考即止。）

六、問事業

例十六：來問者男民國四十五年九月十八日戌時生，問事業運如何？

解：

卜得之卦爲上乾下巽之「天風姤卦」，變上爻。

如圖示：

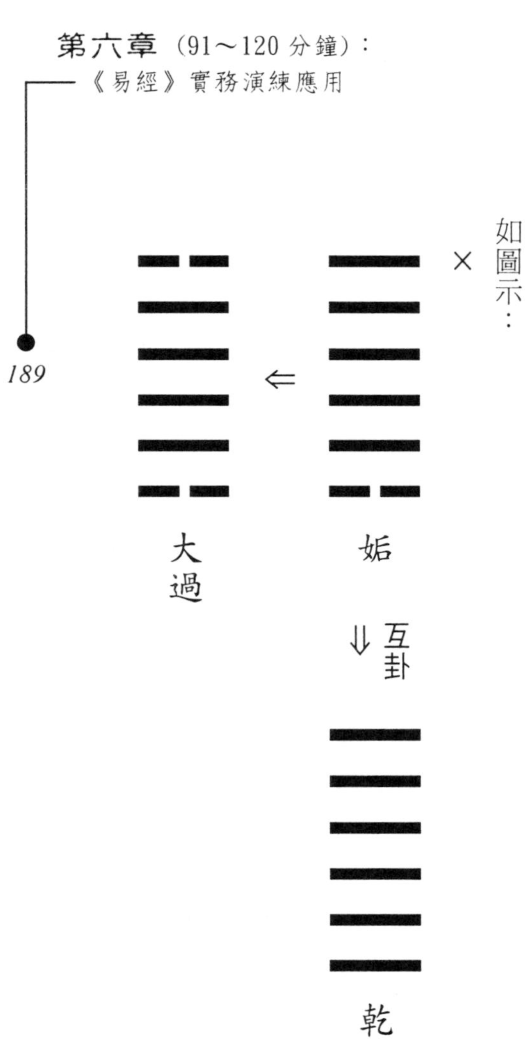

依卦象言，事業運才剛剛步上正軌漸入佳境，但卻好似有急於就章，要求太過之徵象，所謂「過剛則折」，故還請穩定步伐紮實地向前推進，否則必然會有不測之破敗。

例十七：來問者女民國七十六年十一月七日辰時生，問換了職業是否適宜？

解：

卜得之卦為上離下震之「火雷噬嗑卦」，變初爻。

如圖示：

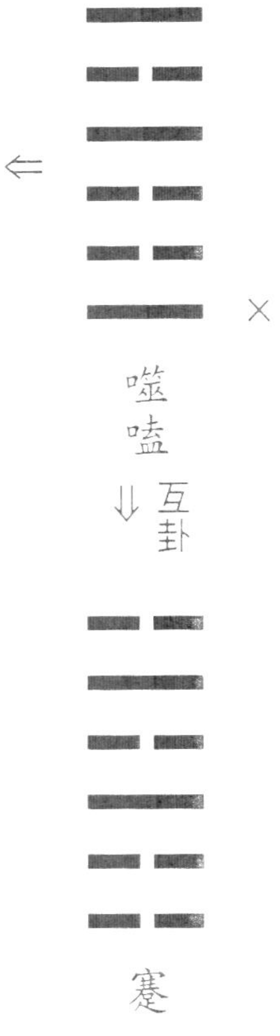

噬嗑 ×

⇓ 互卦

蹇

晉

依卦象言，可能是對目前的工作感到單調枯燥與乏味，所以才會有了換工作的念頭。

互卦爲蹇卦，代表著要重新找一份適合的工作，可能一時無法如願，但若能堅定信心，持之以恆地找下去，最後定然可以如心所願，時間則可能要等到七月以後。

例十八：來問者民國四十六年四月二十八日寅時生，問與人合夥事業是否適宜？

解：

卜得之卦爲上震下坎之「雷水解卦」，變四爻。

如圖示：

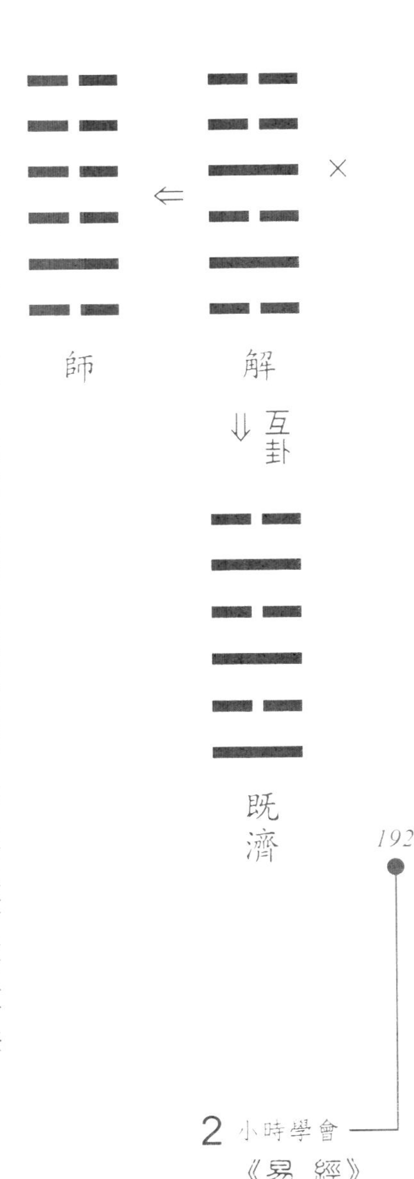

依卦象言，此事可行，但其中必須考慮預留的轉圜空間，否則可能會產生一些過於有把握的疏忽缺失處。

例十九：來問者女民國七十九年二月十一日申時生。問最近打算辭換現有工作自行創業適宜否？

解：卜得之卦為上兌下艮之「澤山咸卦」，變五爻。

如圖示：

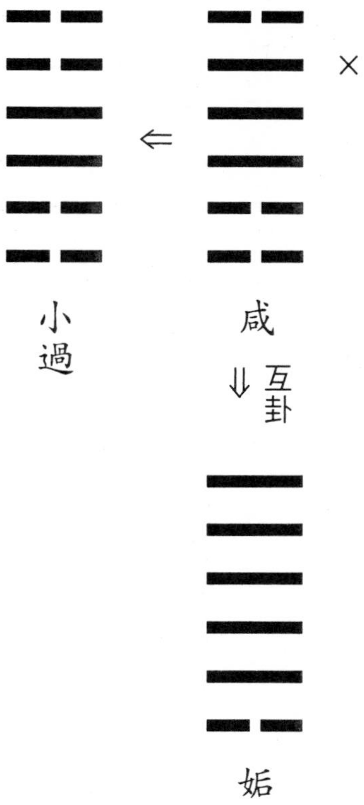

×

咸

⇓ 互卦

姤

⇐

小過

依卦象言，並非是很適合，還是再過一段時間再作決定，否則可能會有虧損錢財之徵象。

例二十：來問者，男民國三十九年生，問公司營運如何？

解：首先我請問卜者隨意地寫了三組數字，然後再依此卜出問卜之卦。

三組數字：72 127 98

卜得之卦爲上艮下坤之「山地剝卦」，變二爻。

如圖示：

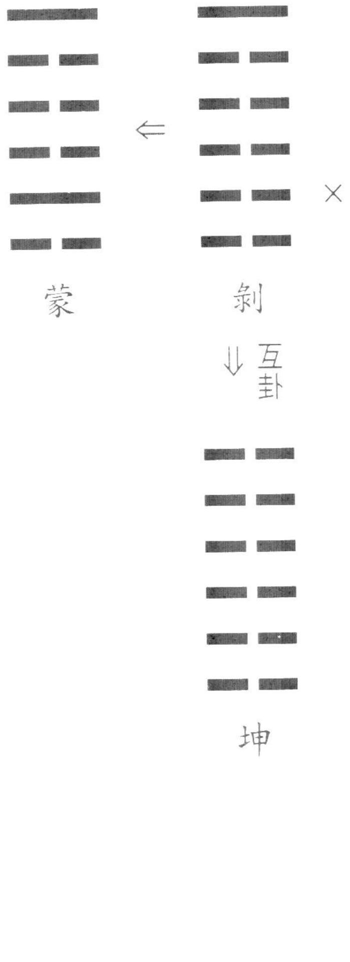

剝 × ⇐ 蒙

⇓ 互卦

坤

依卦象言，貴公司目前營運好像處於虧損狀況，而且有內神通外鬼之嫌，但表面上似乎看來很平靜，可能的話，最好要徹底地做檢討清查了，否則今年秋天以後，公司可能會做不下去。

七、問財運

例二十一：來問者女民國四十八年五月二十日丑時生。問今年的財運如何？

解：

卜得之卦爲上震下坤之「雷地豫卦」，變二爻。

如圖示：

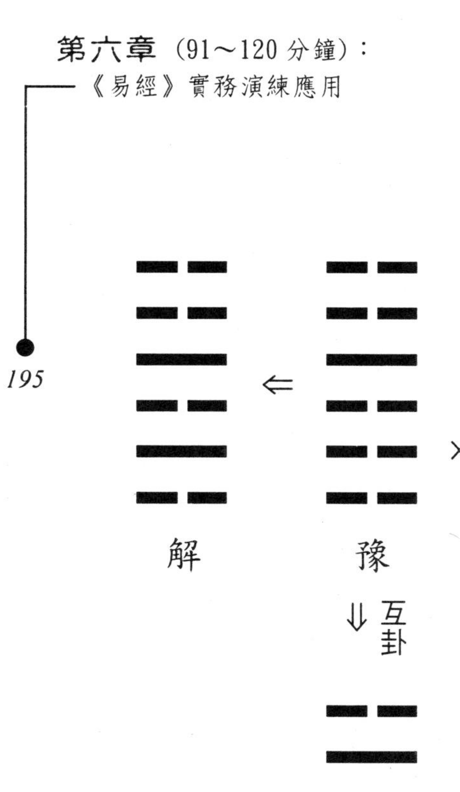

依卦象言，妳一向過著挺享受的日子，但實際上卻是經常爲錢在調頭寸，甚至有入不敷出的現象，因此，最好重新規劃調整一下妳的生活方式，相信妳的錢財的應用即能輕鬆且自如了。

另外，今年七月份以後會有錢財週轉不靈現象，要到年底才能漸漸轉好。

例二十二：來問者女民國七十五年六月十二日卯時生，問借給友人的錢是否能歸還？

解：卜得之卦爲上坎下離之「水火既濟卦」，變初爻。

如圖示：

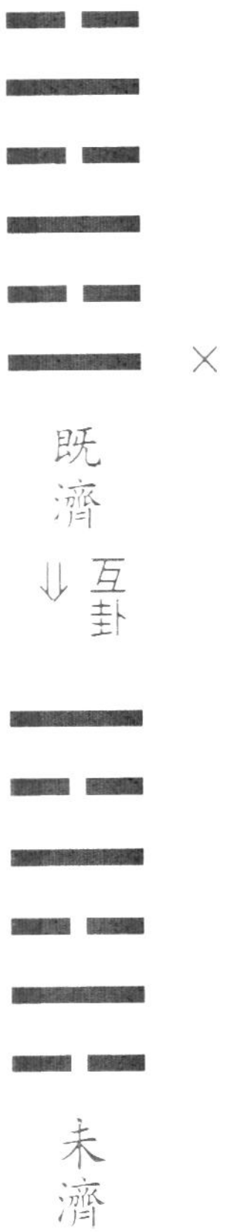

× 既濟

⇓ 互卦

未濟

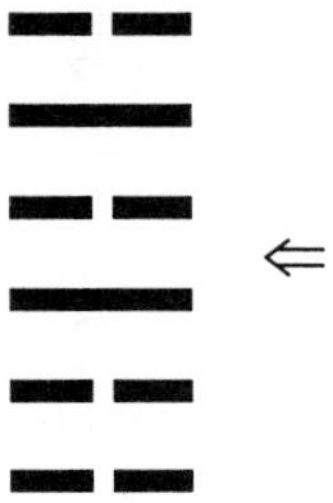

⇐ 蹇

依卦象言，今年歸還的機率非常微渺，還是不要去想，免得難過。另，妳今年的財運並不是很好，千萬不要與人投資合夥。再者，自己的財務狀況亦要詳爲規劃管理。

例二十三：來問者男民國五十六年八月十九日辰時生，問經營股票是否有賺頭？

解：

卜得之卦爲上坤下坤之「重坤卦」，變初爻。

如圖示：

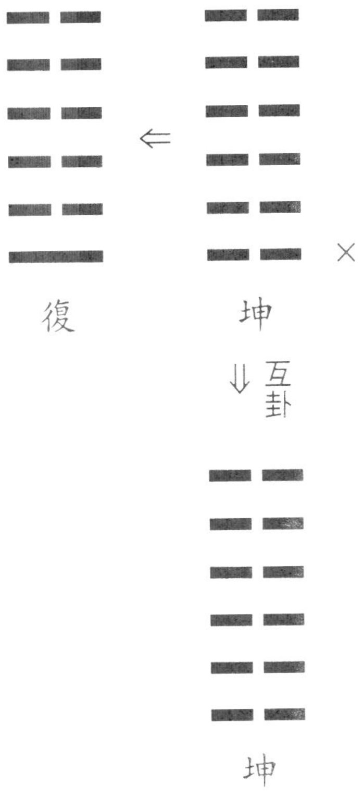

坤 ×

⇐ 復

↓ 互卦

坤

依卦象言，小玩可以，但大玩則不可。

例二十四：來問者男民國五十三年十月九日未時生，問今年投資作生意是否有利可圖？

解：卜得之卦爲上兌下巽之「澤風大過卦」，變三爻。如圖示：

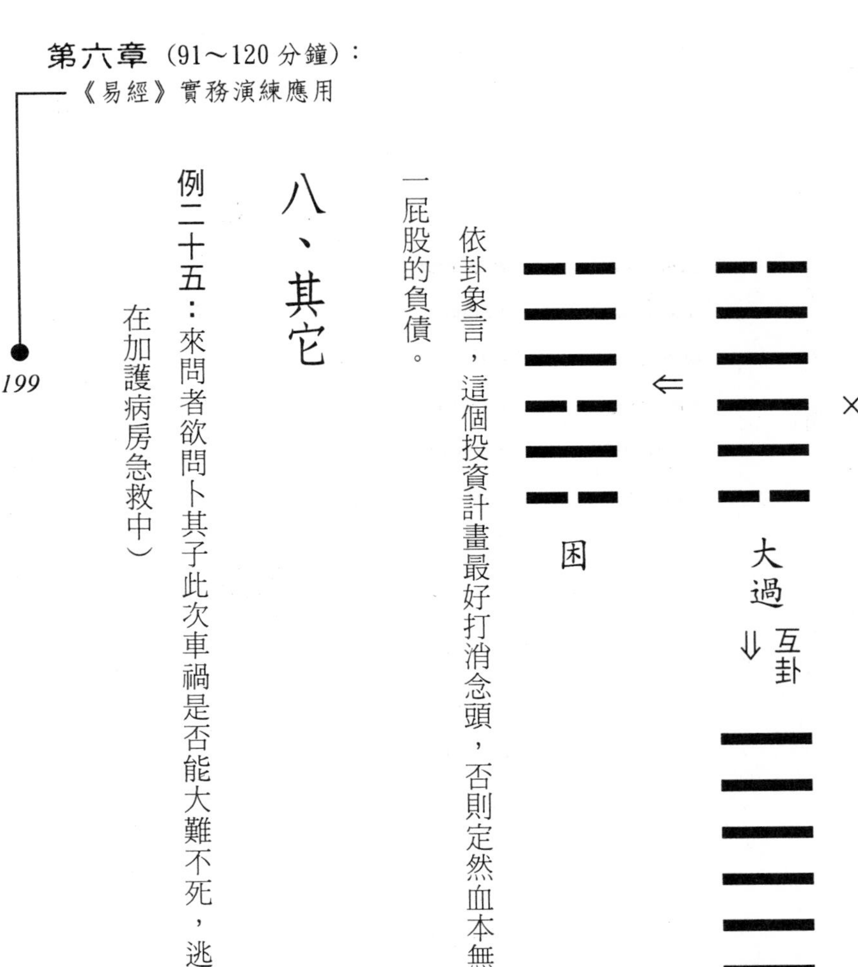

依卦象言，這個投資計畫最好打消念頭，否則定然血本無歸，搞不好還會拖了一屁股的負債。

八、其它

例二十五：來問者欲問卜其子此次車禍是否能大難不死，逃過此劫數？（目前仍在加護病房急救中）

解：

由於是屬於緊急事故，所以筆者特請其寫了三組數字。

三組數字：66
198
21

卜得之卦為上坎下兌之「水澤節卦」，變三爻。

如圖示：

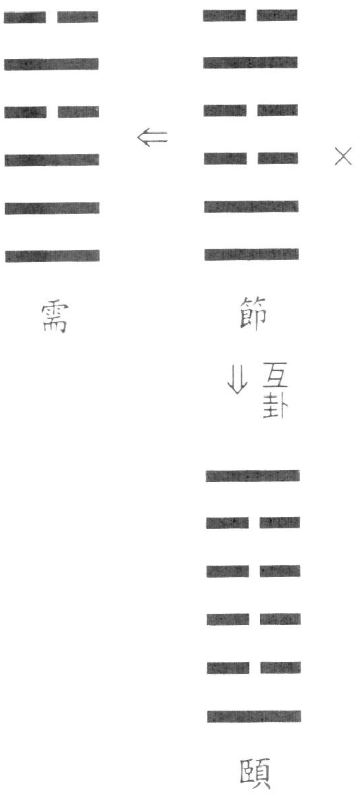

節 × ⇐ 需

⇓ 互卦

頤

依卦象言，因為自己沒有節制、約束（三爻變多凶），所以才會有此車驚之劫，

還好祖上有積德，這一、二天可能就會有好消息。

例二十六：來問者男民國四十九年十一月二十七日亥時生，問此次競標工程是否能順利雀屏中選？

解：

卜得之卦為上離下乾之「火天大有卦」，變三爻。

如圖示：

大有 ⇓互卦 夬 ⇐ 睽

依卦象言，從各方面來看似乎機會極大，但開標的結果，可能會大失所望，因此還望請先做好心理準備。

筆者檔案資料：

姓名：姜威國　一九五八年　出生於高雄

現任：

中國民俗文化研究學會　秘書長

中國晚報風水命理專欄執筆

高雄縣勞工育樂中心　陽宅開運風水講師

高雄市星斗命理學會　理事

高雄市華夏五術學院　課程組執行長

高雄縣救國團　紫微斗數講師

屏東市救國團　紫微斗數・風水地理講師

屏東市文化中心　紫微斗數、陽宅學講師

鳳山市民大學　紫微斗數講師

姜老師命理風水研究工作室(鳳山、屏東)

※服務處：

高雄縣鳳山市海光四村八六○號

TEL／FAX：（○七）七○二　一○九七

屏東市中華路三五一－十五號四樓

TEL：（○八）七三七　五一三二

服務專線：○九二八　七五七　七○九

劃撥帳號：四一九○八○六一　姜威國帳戶

筆者著作一覽

1. 斗數新論闡微
2. 全方位論斗數上下冊
3. 掐指神算定乾坤
4. 斗數星曜與格局新義
5. 簡易紫微斗數精華篇
6. 新斗數葵花寶典㈠星曜易理演繹
7. 突破傳統八字命學
8. 奇門遁甲入門解析
9. 斗數高手實戰過招
10. 新斗數葵花寶典㈡精選古賦文闡微
11. 趣談面相識人生
12. 如來佛祖的五指山——手相學
13. 現代公關相人術——面相學

14. 你就是手相學大師
15. 風水入門
16. 如何創造一個好的八字命格
17. 利用易經陽宅玄機使你金榜題名
18. 現代羅經理論解析
19. 現代風水學巒頭總論上下冊
20. 實用風水學理氣探討上下冊
21. 實用風水學秘笈總論
22. 怎樣佈置風水吉祥物
23. 實用八字命學講義
24. 圖解吉祥家相風水
25. 星座、生肖、血型三合一論命術
26. 心水數占定乾坤
27. 婚課擇用寶鑑

著者附言：

1. 歡迎同道相互切磋、諮詢、交流意見。
2. 電話詢問時間暫定早上八～十二時。
3. 來函請附回郵信封，否則不予以回覆。

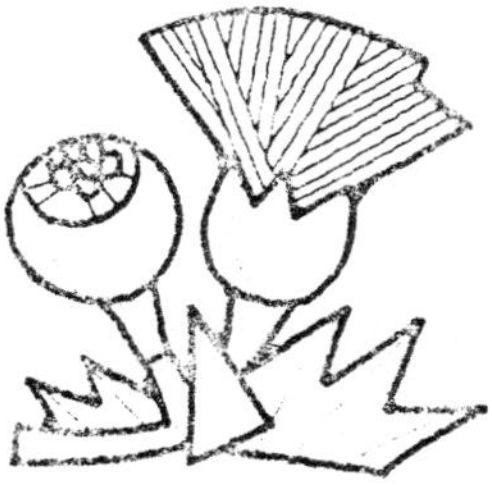

高雄市人民團體職員當選證明書

姓名：姜成國

年齡：四十歲

團體名稱：高雄市星斗命理學會

當選屆次：第一屆

職務：理事

任期：四

高雄市政府社會局局長 陳菊

中華民國八十八年六月二十五日

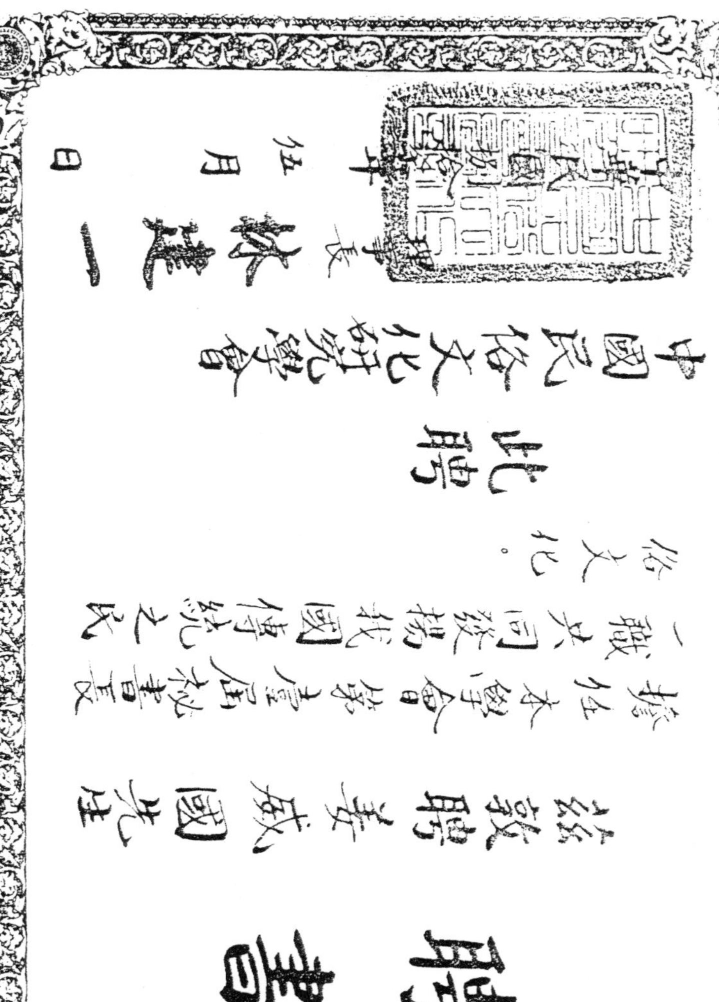

聘書

茲敦聘姜威國先生

擔任本學會第壹屆秘書長

一職共同發揚我國傳統之民

俗文化。

此聘

中國民俗文化研究學會

理事長 林建一

中華民國捌拾年　伍月　日

高雄縣政府聘書

88 府勞福字第 120785 號

敦聘姜 威 國老師擔任

本縣 89 年度勞工學苑

（上期） 陽陰宅命理班

講師

此 聘

縣長

余政憲

中華民國 八十[illegible] 年 八 月二十六日

大展出版社有限公司
品冠文化出版社

圖書目錄

地址：台北市北投區（石牌）
致遠一路二段 12 巷 1 號
郵撥：01669551＜大展＞
19346241＜品冠＞

電話：(02) 28236031
28236033
28233123
傳真：(02) 28272069

·熱門新知·品冠編號 67

1.	圖解基因與 DNA	（精）	中原英臣主編	230 元
2.	圖解人體的神奇	（精）	米山公啟主編	230 元
3.	圖解腦與心的構造	（精）	永田和哉主編	230 元
4.	圖解科學的神奇	（精）	鳥海光弘主編	230 元
5.	圖解數學的神奇	（精）	柳 谷 晃著	250 元
6.	圖解基因操作	（精）	海老原充主編	230 元
7.	圖解後基因組	（精）	才園哲人著	230 元
8.	圖解再生醫療的構造與未來		才園哲人著	230 元
9.	圖解保護身體的免疫構造		才園哲人著	230 元
10.	90 分鐘了解尖端技術的結構		志村幸雄著	280 元

·名人選輯·品冠編號 671

1.	佛洛伊德	傅陽主編	200 元

·圍棋輕鬆學·品冠編號 68

1.	圍棋六日通	李曉佳編著	160 元
2.	布局的對策	吳玉林等編著	250 元
3.	定石的運用	吳玉林等編著	280 元

·象棋輕鬆學·品冠編號 69

1.	象棋開局精要	方長勤審校	280 元

·生活廣場·品冠編號 61

1.	366 天誕生星	李芳黛譯	280 元
2.	366 天誕生花與誕生石	李芳黛譯	280 元
3.	科學命相	淺野八郎著	220 元
4.	已知的他界科學	陳蒼杰譯	220 元
5.	開拓未來的他界科學	陳蒼杰譯	220 元
6.	世紀末變態心理犯罪檔案	沈永嘉譯	240 元

7. 366 天開運年鑑　林廷宇編著　230 元
8. 色彩學與你　野村順一著　230 元
9. 科學手相　淺野八郎著　230 元
10. 你也能成為戀愛高手　柯富陽編著　220 元
11. 血型與十二星座　許淑瑛編著　230 元
12. 動物測驗—人性現形　淺野八郎著　200 元
13. 愛情、幸福完全自測　淺野八郎著　200 元
14. 輕鬆攻佔女性　趙奕世編著　230 元
15. 解讀命運密碼　郭宗德著　200 元
16. 由客家了解亞洲　高木桂藏著　220 元

・女醫師系列・品冠編號 62

1. 子宮內膜症　國府田清子著　200 元
2. 子宮肌瘤　黑島淳子著　200 元
3. 上班女性的壓力症候群　池下育子著　200 元
4. 漏尿、尿失禁　中田真木著　200 元
5. 高齡生產　大鷹美子著　200 元
6. 子宮癌　上坊敏子著　200 元
7. 避孕　早乙女智子著　200 元
8. 不孕症　中村春根著　200 元
9. 生理痛與生理不順　堀口雅子著　200 元
10. 更年期　野末悅子著　200 元

・傳統民俗療法・品冠編號 63

1. 神奇刀療法　潘文雄著　200 元
2. 神奇拍打療法　安在峰著　200 元
3. 神奇拔罐療法　安在峰著　200 元
4. 神奇艾灸療法　安在峰著　200 元
5. 神奇貼敷療法　安在峰著　200 元
6. 神奇薰洗療法　安在峰著　200 元
7. 神奇耳穴療法　安在峰著　200 元
8. 神奇指針療法　安在峰著　200 元
9. 神奇藥酒療法　安在峰著　200 元
10. 神奇藥茶療法　安在峰著　200 元
11. 神奇推拿療法　張貴荷著　200 元
12. 神奇止痛療法　漆 浩 著　200 元
13. 神奇天然藥食物療法　李琳編著　200 元
14. 神奇新穴療法　吳德華編著　200 元
15. 神奇小針刀療法　韋丹主編　200 元

・常見病藥膳調養叢書・品冠編號 631

1.	脂肪肝四季飲食	蕭守貴著	200 元
2.	高血壓四季飲食	秦玖剛著	200 元
3.	慢性腎炎四季飲食	魏從強著	200 元
4.	高脂血症四季飲食	薛輝著	200 元
5.	慢性胃炎四季飲食	馬秉祥著	200 元
6.	糖尿病四季飲食	王耀獻著	200 元
7.	癌症四季飲食	李忠著	200 元
8.	痛風四季飲食	魯焰主編	200 元
9.	肝炎四季飲食	王虹等著	200 元
10.	肥胖症四季飲食	李偉等著	200 元
11.	膽囊炎、膽石症四季飲食	謝春娥著	200 元

・彩色圖解保健・品冠編號 64

1.	瘦身	主婦之友社	300 元
2.	腰痛	主婦之友社	300 元
3.	肩膀痠痛	主婦之友社	300 元
4.	腰、膝、腳的疼痛	主婦之友社	300 元
5.	壓力、精神疲勞	主婦之友社	300 元
6.	眼睛疲勞、視力減退	主婦之友社	300 元

・休閒保健叢書・品冠編號 641

1.	瘦身保健按摩術	聞慶漢主編	200 元
2.	顏面美容保健按摩術	聞慶漢主編	200 元

・心 想 事 成・品冠編號 65

1.	魔法愛情點心	結城莫拉著	120 元
2.	可愛手工飾品	結城莫拉著	120 元
3.	可愛打扮 & 髮型	結城莫拉著	120 元
4.	撲克牌算命	結城莫拉著	120 元

・少 年 偵 探・品冠編號 66

1.	怪盜二十面相	(精)	江戶川亂步著	特價 189 元
2.	少年偵探團	(精)	江戶川亂步著	特價 189 元
3.	妖怪博士	(精)	江戶川亂步著	特價 189 元
4.	大金塊	(精)	江戶川亂步著	特價 230 元
5.	青銅魔人	(精)	江戶川亂步著	特價 230 元
6.	地底魔術王	(精)	江戶川亂步著	特價 230 元
7.	透明怪人	(精)	江戶川亂步著	特價 230 元

8. 怪人四十面相 （精） 江戶川亂步著 特價 230 元
9. 宇宙怪人 （精） 江戶川亂步著 特價 230 元
10. 恐怖的鐵塔王國 （精） 江戶川亂步著 特價 230 元
11. 灰色巨人 （精） 江戶川亂步著 特價 230 元
12. 海底魔術師 （精） 江戶川亂步著 特價 230 元
13. 黃金豹 （精） 江戶川亂步著 特價 230 元
14. 魔法博士 （精） 江戶川亂步著 特價 230 元
15. 馬戲怪人 （精） 江戶川亂步著 特價 230 元
16. 魔人銅鑼 （精） 江戶川亂步著 特價 230 元
17. 魔法人偶 （精） 江戶川亂步著 特價 230 元
18. 奇面城的秘密 （精） 江戶川亂步著 特價 230 元
19. 夜光人 （精） 江戶川亂步著 特價 230 元
20. 塔上的魔術師 （精） 江戶川亂步著 特價 230 元
21. 鐵人Q （精） 江戶川亂步著 特價 230 元
22. 假面恐怖王 （精） 江戶川亂步著 特價 230 元
23. 電人M （精） 江戶川亂步著 特價 230 元
24. 二十面相的詛咒 （精） 江戶川亂步著 特價 230 元
25. 飛天二十面相 （精） 江戶川亂步著 特價 230 元
26. 黃金怪獸 （精） 江戶川亂步著 特價 230 元

・武 術 特 輯・大展編號 10

1. 陳式太極拳入門 馮志強編著 180 元
2. 武式太極拳 郝少如編著 200 元
3. 中國跆拳道實戰 100 例 岳維傳著 220 元
4. 教門長拳 蕭京凌編著 150 元
5. 跆拳道 蕭京凌編譯 180 元
6. 正傳合氣道 程曉鈴譯 200 元
7. 實用雙節棍 吳志勇編著 200 元
8. 格鬥空手道 鄭旭旭編著 200 元
9. 實用跆拳道 陳國榮編著 200 元
10. 武術初學指南 李文英、解守德編著 250 元
11. 泰國拳 陳國榮著 180 元
12. 中國式摔跤 黃 斌編著 180 元
13. 太極劍入門 李德印編著 180 元
14. 太極拳運動 運動司編 250 元
15. 太極拳譜 清・王宗岳等著 280 元
16. 散手初學 冷 峰編著 200 元
17. 南拳 朱瑞琪編著 180 元
18. 吳式太極劍 王培生著 200 元
19. 太極拳健身與技擊 王培生著 250 元
20. 秘傳武當八卦掌 狄兆龍著 250 元
21. 太極拳論譚 沈 壽著 250 元
22. 陳式太極拳技擊法 馬 虹著 250 元

23. 二十四式三十二式太極拳劍	闞桂香著	180 元
24. 楊式秘傳 129 式太極長拳	張楚全著	280 元
25. 楊式太極拳架詳解	林炳堯著	280 元
26. 華佗五禽劍	劉時榮著	180 元
27. 太極拳基礎講座：基本功與簡化 24 式	李德印著	250 元
28. 武式太極拳精華	薛乃印著	200 元
29. 陳式太極拳拳理闡微	馬　虹著	350 元
30. 陳式太極拳體用全書	馬　虹著	400 元
31. 張三豐太極拳	陳占奎著	200 元
32. 中國太極推手	張　山主編	300 元
33. 48 式太極拳入門	門惠豐編著	220 元
34. 太極拳奇人奇功	嚴翰秀編著	250 元
35. 心意門秘籍	李新民編著	220 元
36. 三才門乾坤戊己功	王培生編著	220 元
37. 武式太極劍精華＋VCD	薛乃印編著	350 元
38. 楊式太極拳	傅鐘文演述	200 元
39. 陳式太極拳、劍 36 式	闞桂香編著	250 元
40. 正宗武式太極拳	薛乃印著	220 元
41. 杜元化＜太極拳正宗＞考析	王海洲等著	300 元
42. ＜珍貴版＞陳式太極拳	沈家楨著	280 元
43. 24 式太極拳＋VCD	中國國家體育總局著	350 元
44. 太極推手絕技	安在峰編著	250 元
45. 孫祿堂武學錄	孫祿堂著	300 元
46. ＜珍貴本＞陳式太極拳精選	馮志強著	280 元
47. 武當趙堡太極拳小架	鄭悟清傳授	250 元
48. 太極拳習練知識問答	邱丕相主編	220 元
49. 八法拳 八法槍	武世俊著	220 元
50. 地趟拳＋VCD	張憲政著	350 元
51. 四十八式太極拳＋DVD	楊　靜演示	400 元
52. 三十二式太極劍＋VCD	楊　靜演示	300 元
53. 隨曲就伸 中國太極拳名家對話錄	余功保著	300 元
54. 陳式太極拳五功八法十三勢	闞桂香著	200 元
55. 六合螳螂拳	劉敬儒等著	280 元
56. 古本新探華佗五禽戲	劉時榮編著	180 元
57. 陳式太極拳養生功＋VCD	陳正雷著	350 元
58. 中國循經太極拳二十四式教程	李兆生著	300 元
59. ＜珍貴本＞太極拳研究	唐豪・顧留馨著	250 元
60. 武當三豐太極拳	劉嗣傳著	300 元
61. 楊式太極拳體用圖解	崔仲三編著	400 元
62. 太極十三刀	張耀忠編著	230 元
63. 和式太極拳譜＋VCD	和有祿編著	450 元
64. 太極內功養生術	關永年著	300 元
65. 養生太極推手	黃康輝編著	280 元
66. 太極推手祕傳	安在峰編著	300 元

67. 楊少侯太極拳用架真詮 李璉編著 280 元
68. 細說陰陽相濟的太極拳 林冠澄著 350 元
69. 太極內功解祕 祝大彤編著 280 元
70. 簡易太極拳健身功 王建華著 180 元
71. 楊氏太極拳真傳 趙斌等著 380 元
72. 李子鳴傳梁式直趟八卦六十四散手掌 張全亮編著 200 元
73. 炮捶 陳式太極拳第二路 顧留馨著 330 元
74. 太極推手技擊傳真 王鳳鳴編著 300 元
75. 傳統五十八式太極劍 張楚全編著 200 元
76. 新編太極拳對練 曾乃梁編著 280 元
77. 意拳拳學 王薌齋創始 280 元
78. 心意拳練功竅要 馬琳璋著 300 元
79. 形意拳搏擊的理與法 買正虎編著 300 元
80. 拳道功法學 李玉柱編著 300 元
81. 精編陳式太極拳拳劍刀 武世俊編著 300 元
82. 現代散打 梁亞東編著 200 元
83. 形意拳械精解（上） 邸國勇編著 480 元
84. 形意拳械精解（下） 邸國勇編著 480 元

・彩色圖解太極武術・大展編號 102

1. 太極功夫扇 李德印編著 220 元
2. 武當太極劍 李德印編著 220 元
3. 楊式太極劍 李德印編著 220 元
4. 楊式太極刀 王志遠著 220 元
5. 二十四式太極拳（楊式）＋VCD 李德印編著 350 元
6. 三十二式太極劍（楊式）＋VCD 李德印編著 350 元
7. 四十二式太極劍＋VCD 李德印編著 350 元
8. 四十二式太極拳＋VCD 李德印編著 350 元
9. 16 式太極拳 18 式太極劍＋VCD 崔仲三著 350 元
10. 楊氏 28 式太極拳＋VCD 趙幼斌著 350 元
11. 楊式太極拳 40 式＋VCD 宗維潔編著 350 元
12. 陳式太極拳 56 式＋VCD 黃康輝等著 350 元
13. 吳式太極拳 45 式＋VCD 宗維潔編著 350 元
14. 精簡陳式太極拳 8 式、16 式 黃康輝編著 220 元
15. 精簡吳式太極拳＜36 式拳架・推手＞ 柳恩久主編 220 元
16. 夕陽美功夫扇 李德印著 220 元
17. 綜合 48 式太極拳＋VCD 竺玉明編著 350 元
18. 32 式太極拳（四段） 宗維潔演示 220 元
19. 楊氏 37 式太極拳＋VCD 趙幼斌著 350 元
20. 楊氏 51 式太極劍＋VCD 趙幼斌著 350 元

・國際武術競賽套路・大展編號 103

1.	長拳	李巧玲執筆	220 元
2.	劍術	程慧琨執筆	220 元
3.	刀術	劉同為執筆	220 元
4.	槍術	張躍寧執筆	220 元
5.	棍術	殷玉柱執筆	220 元

・簡化太極拳・大展編號 104

1.	陳式太極拳十三式	陳正雷編著	200 元
2.	楊式太極拳十三式	楊振鐸編著	200 元
3.	吳式太極拳十三式	李秉慈編著	200 元
4.	武式太極拳十三式	喬松茂編著	200 元
5.	孫式太極拳十三式	孫劍雲編著	200 元
6.	趙堡太極拳十三式	王海洲編著	200 元

・導引養生功・大展編號 105

1.	疏筋壯骨功＋VCD	張廣德著	350 元
2.	導引保建功＋VCD	張廣德著	350 元
3.	頤身九段錦＋VCD	張廣德著	350 元
4.	九九還童功＋VCD	張廣德著	350 元
5.	舒心平血功＋VCD	張廣德著	350 元
6.	益氣養肺功＋VCD	張廣德著	350 元
7.	養生太極扇＋VCD	張廣德著	350 元
8.	養生太極棒＋VCD	張廣德著	350 元
9.	導引養生形體詩韻＋VCD	張廣德著	350 元
10.	四十九式經絡動功＋VCD	張廣德著	350 元

・中國當代太極拳名家名著・大展編號 106

1.	李德印太極拳規範教程	李德印著	550 元
2.	王培生吳式太極拳詮真	王培生著	500 元
3.	喬松茂武式太極拳詮真	喬松茂著	450 元
4.	孫劍雲孫式太極拳詮真	孫劍雲著	350 元
5.	王海洲趙堡太極拳詮真	王海洲著	500 元
6.	鄭琛太極拳道詮真	鄭琛著	450 元
7.	沈壽太極拳文集	沈壽著	630 元

・古代健身功法・大展編號 107

1. 練功十八法　蕭凌編著　200 元
2. 十段錦運動　劉時榮編著　180 元
3. 二十八式長壽健身操　劉時榮著　180 元
4. 三十二式太極雙扇　劉時榮著　160 元

・太極跤・大展編號 108

1. 太極防身術　郭慎著　300 元
2. 擒拿術　郭慎著　280 元
3. 中國式摔角　郭慎著　350 元

・原地太極拳系列・大展編號 11

1. 原地綜合太極拳 24 式　胡啟賢創編　220 元
2. 原地活步太極拳 42 式　胡啟賢創編　200 元
3. 原地簡化太極拳 24 式　胡啟賢創編　200 元
4. 原地太極拳 12 式　胡啟賢創編　200 元
5. 原地青少年太極拳 22 式　胡啟賢創編　220 元

・名師出高徒・大展編號 111

1. 武術基本功與基本動作　劉玉萍編著　200 元
2. 長拳入門與精進　吳彬等著　220 元
3. 劍術刀術入門與精進　楊柏龍等著　220 元
4. 棍術、槍術入門與精進　邱丕相編著　220 元
5. 南拳入門與精進　朱瑞琪編著　220 元
6. 散手入門與精進　張山等著　220 元
7. 太極拳入門與精進　李德印編著　280 元
8. 太極推手入門與精進　田金龍編著　220 元

・實用武術技擊・大展編號 112

1. 實用自衛拳法　溫佐惠著　250 元
2. 搏擊術精選　陳清山等著　220 元
3. 秘傳防身絕技　程崑彬著　230 元
4. 振藩截拳道入門　陳琦平著　220 元
5. 實用擒拿法　韓建中著　220 元
6. 擒拿反擒拿 88 法　韓建中著　250 元
7. 武當秘門技擊術入門篇　高翔著　250 元
8. 武當秘門技擊術絕技篇　高翔著　250 元
9. 太極拳實用技擊法　武世俊著　220 元
10. 奪凶器基本技法　韓建中著　220 元

11. 峨眉拳實用技擊法　吳信良著　300 元
12. 武當拳法實用制敵術　賀春林主編　300 元
13. 詠春拳速成搏擊術訓練　魏峰編著　元
14. 詠春拳高級格鬥訓練　魏峰編著　元

・中國武術規定套路・大展編號 113

1. 螳螂拳　中國武術系列　300 元
2. 劈掛拳　規定套路編寫組　300 元
3. 八極拳　國家體育總局　250 元
4. 木蘭拳　國家體育總局　230 元

・中華傳統武術・大展編號 114

1. 中華古今兵械圖考　裴錫榮主編　280 元
2. 武當劍　陳湘陵編著　200 元
3. 梁派八卦掌（老八掌）　李子鳴遺著　220 元
4. 少林 72 藝與武當 36 功　裴錫榮主編　230 元
5. 三十六把擒拿　佐藤金兵衛主編　200 元
6. 武當太極拳與盤手 20 法　裴錫榮主編　220 元
7. 錦八手拳學　楊永著　280 元
8. 自然門功夫精義　陳懷信編著　500 元
9. 八極拳珍傳　王世泉著　330 元
10. 通臂二十四勢　郭瑞祥主編　280 元

・少林功夫・大展編號 115

1. 少林打擂秘訣　德虔、素法編著　300 元
2. 少林三大名拳 炮拳、大洪拳、六合拳　門惠豐等著　200 元
3. 少林三絕 氣功、點穴、擒拿　德虔編著　300 元
4. 少林怪兵器秘傳　素法等著　250 元
5. 少林護身暗器秘傳　素法等著　220 元
6. 少林金剛硬氣功　楊維編著　250 元
7. 少林棍法大全　德虔、素法編著　250 元
8. 少林看家拳　德虔、素法編著　250 元
9. 少林正宗七十二藝　德虔、素法編著　280 元
10. 少林瘋魔棍闡宗　馬德著　250 元
11. 少林正宗太祖拳法　高翔著　280 元
12. 少林拳技擊入門　劉世君編著　220 元
13. 少林十路鎮山拳　吳景川主編　300 元
14. 少林氣功祕集　釋德虔編著　220 元
15. 少林十大武藝　吳景川主編　450 元
16. 少林飛龍拳　劉世君著　200 元
17. 少林武術理論　徐勤燕等著　200 元

・迷蹤拳系列・ 大展編號 116

1. 迷蹤拳（一）+VCD 李玉川編著 350 元
2. 迷蹤拳（二）+VCD 李玉川編著 350 元
3. 迷蹤拳（三） 李玉川編著 250 元
4. 迷蹤拳（四）+VCD 李玉川編著 580 元
5. 迷蹤拳（五） 李玉川編著 250 元
6. 迷蹤拳（六） 李玉川編著 300 元
7. 迷蹤拳（七） 李玉川編著 300 元
8. 迷蹤拳（八） 李玉川編著 300 元

・截拳道入門・ 大展編號 117

1. 截拳道手擊技法 舒建臣編著 230 元
2. 截拳道腳踢技法 舒建臣編著 230 元
3. 截拳道擒跌技法 舒建臣編著 230 元
4. 截拳道攻防技法 舒建臣編著 230 元
5. 截拳道連環技法 舒建臣編著 230 元

・道學文化・ 大展編號 12

1. 道在養生：道教長壽術 郝勤等著 250 元
2. 龍虎丹道：道教內丹術 郝勤著 300 元
3. 天上人間：道教神仙譜系 黃德海著 250 元
4. 步罡踏斗：道教祭禮儀典 張澤洪著 250 元
5. 道醫窺秘：道教醫學康復術 王慶餘等著 250 元
6. 勸善成仙：道教生命倫理 李剛著 250 元
7. 洞天福地：道教宮觀勝境 沙銘壽著 250 元
8. 青詞碧簫：道教文學藝術 楊光文等著 250 元
9. 沈博絕麗：道教格言精粹 朱耕發等著 250 元

・易學智慧・ 大展編號 122

1. 易學與管理 余敦康主編 250 元
2. 易學與養生 劉長林等著 300 元
3. 易學與美學 劉綱紀等著 300 元
4. 易學與科技 董光壁著 280 元
5. 易學與建築 韓增祿著 280 元
6. 易學源流 鄭萬耕著 280 元
7. 易學的思維 傅雲龍等著 250 元
8. 周易與易圖 李申著 250 元
9. 中國佛教與周易 王仲堯著 350 元
10. 易學與儒學 任俊華著 350 元
11. 易學與道教符號揭秘 詹石窗著 350 元

12. 易傳通論　王博著　250 元
13. 談古論今說周易　龐鈺龍著　280 元
14. 易學與史學　吳懷祺著　230 元
15. 易學與天文學　盧央著　230 元
16. 易學與生態環境　楊文衡著　230 元
17. 易學與中國傳統醫學　蕭漢明著　280 元
18. 易學與人文　羅熾等著　280 元

・神 算 大 師・大展編號 123

1. 劉伯溫神算兵法　應涵編著　280 元
2. 姜太公神算兵法　應涵編著　280 元
3. 鬼谷子神算兵法　應涵編著　280 元
4. 諸葛亮神算兵法　應涵編著　280 元

・鑑 往 知 來・大展編號 124

1. 《三國志》給現代人的啟示　陳羲主編　220 元
2. 《史記》給現代人的啟示　陳羲主編　220 元
3. 《論語》給現代人的啟示　陳羲主編　220 元
4. 《孫子》給現代人的啟示　陳羲主編　220 元
5. 《唐詩選》給現代人的啟示　陳羲主編　220 元
6. 《菜根譚》給現代人的啟示　陳羲主編　220 元
7. 《百戰奇略》給現代人的啟示　陳羲主編　250 元

・秘傳占卜系列・大展編號 14

1. 手相術　淺野八郎著　180 元
2. 人相術　淺野八郎著　180 元
3. 西洋占星術　淺野八郎著　180 元
4. 中國神奇占卜　淺野八郎著　150 元
5. 夢判斷　淺野八郎著　150 元
7. 法國式血型學　淺野八郎著　150 元
8. 靈感、符咒學　淺野八郎著　150 元
10. ESP 超能力占卜　淺野八郎著　150 元
11. 猶太數的秘術　淺野八郎著　150 元
13. 塔羅牌預言秘法　淺野八郎著　200 元

・趣味心理講座・大展編號 15

1. 性格測驗（1）探索男與女　淺野八郎著　140 元
2. 性格測驗（2）透視人心奧秘　淺野八郎著　140 元
3. 性格測驗（3）發現陌生的自己　淺野八郎著　140 元
4. 性格測驗（4）發現你的真面目　淺野八郎著　140 元

5. 性格測驗（5） 讓你們吃驚　淺野八郎著　140 元
6. 性格測驗（6） 洞穿心理盲點　淺野八郎著　140 元
7. 性格測驗（7） 探索對方心理　淺野八郎著　140 元
8. 性格測驗（8） 由吃認識自己　淺野八郎著　160 元
9. 性格測驗（9） 戀愛的心理　淺野八郎著　160 元
10. 性格測驗（10）由裝扮瞭解人心　淺野八郎著　160 元
11. 性格測驗（11）敲開內心玄機　淺野八郎著　140 元
12. 性格測驗（12）透視你的未來　淺野八郎著　160 元
13. 血型與你的一生　淺野八郎著　160 元
14. 趣味推理遊戲　淺野八郎著　160 元
15. 行為語言解析　淺野八郎著　160 元

・婦 幼 天 地・大展編號 16

1. 八萬人減肥成果　黃靜香譯　180 元
2. 三分鐘減肥體操　楊鴻儒譯　150 元
3. 窈窕淑女美髮秘訣　柯素娥譯　130 元
4. 使妳更迷人　成　玉譯　130 元
5. 女性的更年期　官舒妍編譯　160 元
6. 胎內育兒法　李玉瓊編譯　150 元
7. 早產兒袋鼠式護理　唐岱蘭譯　200 元
9. 初次育兒 12 個月　婦幼天地編譯組　180 元
10. 斷乳食與幼兒食　婦幼天地編譯組　180 元
11. 培養幼兒能力與性向　婦幼天地編譯組　180 元
12. 培養幼兒創造力的玩具與遊戲　婦幼天地編譯組　180 元
13. 幼兒的症狀與疾病　婦幼天地編譯組　180 元
14. 腿部苗條健美法　婦幼天地編譯組　180 元
15. 女性腰痛別忽視　婦幼天地編譯組　150 元
16. 舒展身心體操術　李玉瓊編譯　130 元
17. 三分鐘臉部體操　趙薇妮著　160 元
18. 生動的笑容表情術　趙薇妮著　160 元
19. 心曠神怡減肥法　川津祐介著　130 元
20. 內衣使妳更美麗　陳玄茹譯　130 元
21. 瑜伽美姿美容　黃靜香編著　180 元
22. 高雅女性裝扮學　陳珮玲譯　180 元
23. 蠶糞肌膚美顏法　梨秀子著　160 元
24. 認識妳的身體　李玉瓊譯　160 元
25. 產後恢復苗條體態　居理安・芙萊喬著　200 元
26. 正確護髮美容法　山崎伊久江著　180 元
27. 安琪拉美姿養生學　安琪拉蘭斯博瑞著　180 元
28. 女體性醫學剖析　增田豐著　220 元
29. 懷孕與生產剖析　岡部綾子著　180 元
30. 斷奶後的健康育兒　東城百合子著　220 元
31. 引出孩子幹勁的責罵藝術　多湖輝著　170 元

32. 培養孩子獨立的藝術　多湖輝著　170 元
34. 下半身減肥法　納他夏・史達賓著　180 元
35. 女性自然美容法　吳雅菁編著　180 元
36. 再也不發胖　池園悅太郎著　170 元
37. 生男生女控制術　中垣勝裕著　220 元
38. 使妳的肌膚更亮麗　楊　皓編著　170 元
39. 臉部輪廓變美　芝崎義夫著　180 元
40. 斑點、皺紋自己治療　高須克彌著　180 元
41. 面皰自己治療　伊藤雄康著　180 元
42. 隨心所欲瘦身冥想法　原久子著　180 元
43. 胎兒革命　鈴木丈織著　180 元
44. NS 磁氣平衡法塑造窈窕奇蹟　古屋和江著　180 元
45. 享瘦從腳開始　山田陽子著　180 元
46. 小改變瘦 4 公斤　宮本裕子著　180 元
47. 軟管減肥瘦身　高橋輝男著　180 元
48. 海藻精神秘美容法　劉名揚編著　180 元
49. 肌膚保養與脫毛　鈴木真理著　180 元
50. 10 天減肥 3 公斤　彤雲編輯組　180 元
51. 穿出自己的品味　西村玲子著　280 元
52. 小孩髮型設計　李芳黛譯　250 元

・青　春　天　地・大展編號 17

1. A 血型與星座　柯素娥編譯　160 元
2. B 血型與星座　柯素娥編譯　160 元
3. 0 血型與星座　柯素娥編譯　160 元
4. AB 血型與星座　柯素娥編譯　120 元
5. 青春期性教室　呂貴嵐編譯　130 元
9. 小論文寫作秘訣　林顯茂編譯　120 元
11. 中學生野外遊戲　熊谷康編著　120 元
12. 恐怖極短篇　柯素娥編譯　130 元
13. 恐怖夜話　小毛驢編譯　130 元
14. 恐怖幽默短篇　小毛驢編譯　120 元
15. 黑色幽默短篇　小毛驢編譯　120 元
16. 靈異怪談　小毛驢編譯　130 元
17. 錯覺遊戲　小毛驢編著　130 元
18. 整人遊戲　小毛驢編著　150 元
19. 有趣的超常識　柯素娥編譯　130 元
20. 哦！原來如此　林慶旺編譯　130 元
21. 趣味競賽 100 種　劉名揚編譯　120 元
22. 數學謎題入門　宋釗宜編譯　150 元
23. 數學謎題解析　宋釗宜編譯　150 元
24. 透視男女心理　林慶旺編譯　120 元
25. 少女情懷的自白　李桂蘭編譯　120 元

26. 由兄弟姊妹看命運　李玉瓊編譯　130 元
27. 趣味的科學魔術　林慶旺編譯　150 元
28. 趣味的心理實驗室　李燕玲編譯　150 元
29. 愛與性心理測驗　小毛驢編譯　130 元
30. 刑案推理解謎　小毛驢編譯　180 元
31. 偵探常識推理　小毛驢編譯　180 元
32. 偵探常識解謎　小毛驢編譯　130 元
33. 偵探推理遊戲　小毛驢編譯　180 元
34. 趣味的超魔術　廖玉山編著　150 元
35. 趣味的珍奇發明　柯素娥編著　150 元
36. 登山用具與技巧　陳瑞菊編著　150 元
37. 性的漫談　蘇燕謀編著　180 元
38. 無的漫談　蘇燕謀編著　180 元
39. 黑色漫談　蘇燕謀編著　180 元
40. 白色漫談　蘇燕謀編著　180 元

・健　康　天　地・大展編號 18

1. 壓力的預防與治療　柯素娥編譯　130 元
2. 超科學氣的魔力　柯素娥編譯　130 元
3. 尿療法治病的神奇　中尾良一著　130 元
4. 鐵證如山的尿療法奇蹟　廖玉山譯　120 元
5. 一日斷食健康法　葉慈容編譯　150 元
7. 癌症早期檢查法　廖松濤譯　160 元
8. 老人痴呆症防止法　柯素娥編譯　170 元
9. 松葉汁健康飲料　陳麗芬編譯　150 元
10. 揉肚臍健康法　永井秋夫著　150 元
11. 過勞死、猝死的預防　卓秀貞編譯　130 元
12. 高血壓治療與飲食　藤山順豐著　180 元
13. 老人看護指南　柯素娥編譯　150 元
14. 美容外科淺談　楊啟宏著　150 元
15. 美容外科新境界　楊啟宏著　150 元
16. 鹽是天然的醫生　西英司郎著　140 元
17. 年輕十歲不是夢　梁瑞麟譯　200 元
18. 茶料理治百病　桑野和民著　180 元
20. 杜仲茶養顏減肥法　西田博著　170 元
21. 蜂膠驚人療效　瀨長良三郎著　180 元
22. 蜂膠治百病　瀨長良三郎著　180 元
23. 醫藥與生活　鄭炳全著　180 元
24. 鈣長生寶典　落合敏著　180 元
25. 大蒜長生寶典　木下繁太郎著　160 元
26. 居家自我健康檢查　石川恭三著　160 元
27. 永恆的健康人生　李秀鈴譯　200 元
28. 大豆卵磷脂長生寶典　劉雪卿譯　150 元

29. 芳香療法	梁艾琳譯	160 元
30. 醋長生寶典	柯素娥譯	180 元
31. 從星座透視健康	席拉・吉蒂斯著	180 元
32. 愉悅自在保健學	野本二士夫著	160 元
33. 裸睡健康法	丸山淳士等著	160 元
35. 維他命長生寶典	菅原明子著	180 元
36. 維他命 C 新效果	鐘文訓編	150 元
38. AIDS 瞭解與預防	彼得塔歇爾著	180 元
39. 甲殼質殼聚糖健康法	沈永嘉譯	160 元
40. 神經痛預防與治療	木下真男著	160 元
41. 室內身體鍛鍊法	陳炳崑編著	160 元
42. 吃出健康藥膳	劉大器編著	180 元
43. 自我指壓術	蘇燕謀編著	160 元
44. 紅蘿蔔汁斷食療法	李玉瓊編著	150 元
45. 洗心術健康秘法	竺翠萍編譯	170 元
46. 枇杷葉健康療法	柯素娥編譯	180 元
47. 抗衰血癒	楊啟宏著	180 元
48. 與癌搏鬥記	逸見政孝著	180 元
49. 冬蟲夏草長生寶典	高橋義博著	170 元
50. 痔瘡・大腸疾病先端療法	宮島伸宜著	180 元
51. 膠布治癒頑固慢性病	加瀨建造著	180 元
53. 香煙能防止癡呆？	高田明和著	180 元
54. 穀菜食治癌療法	佐藤成志著	180 元
55. 貼藥健康法	松原英多著	180 元
56. 克服癌症調和道呼吸法	帶津良一著	180 元
58. 青春永駐養生導引術	早島正雄著	180 元
59. 改變呼吸法創造健康	原久子著	180 元
60. 荷爾蒙平衡養生秘訣	出村博著	180 元
61. 水美肌健康法	井戶勝富著	170 元
62. 認識食物掌握健康	廖梅珠編著	170 元
64. 酸莖菌驚人療效	上田明彥著	180 元
65. 大豆卵磷脂治現代病	神津健一著	200 元
66. 時辰療法—危險時刻凌晨 4 時	呂建強等著	180 元
67. 自然治癒力提升法	帶津良一著	180 元
68. 巧妙的氣保健法	藤平墨子著	180 元
69. 治癒 C 型肝炎	熊田博光著	180 元
70. 肝臟病預防與治療	劉名揚編著	180 元
71. 腰痛平衡療法	荒井政信著	180 元
72. 根治多汗症、狐臭	稻葉益巳著	220 元
73. 40 歲以後的骨質疏鬆症	沈永嘉譯	180 元
74. 認識中藥	松下一成著	180 元
75. 認識氣的科學	佐佐木茂美著	180 元
76. 我戰勝了癌症	安田伸著	180 元
77. 斑點是身心的危險信號	中野進著	180 元

國家圖書館出版品預行編目資料

2小時學會《易經》／姜威國編著
－初版－臺北市，大展，民91
面；21公分－（命理與預言；67）
ISBN 978-957-468-146-4（平裝）
1.易占
292.1 91007627

2小時學會《易經》

ISBN-13：978-957-468-146-4
ISBN-10：957-468-146-7

編著者／姜　威　國
發行人／蔡　森　明
出版者／大展出版社有限公司
社　址／台北市北投區（石牌）致遠一路2段12巷1號
電　話／(02) 28236031・28236033・28233123
傳　真／(02) 28272069
郵政劃撥／01669551
網　址／www.dah-jaan.com.tw
E-mail／service@dah-jaan.com.tw
登記證／局版臺業字第2171號
承印者／高星印刷品行
裝　訂／建鑫印刷裝訂有限公司
排版者／千兵企業有限公司
初版1刷／2001年（民91年）7月
初版2刷／2006年（民95年）9月

定價／250元